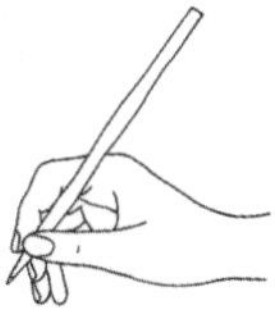

寫 心 經

108遍已願成就版

108遍的靜心，108次的沉澱，108遍的心念校準、歸零。
寫心經，帶來自在無罣礙的力量。

—— 張明明 範帖書寫 ——

本書使用方法

字安則心安，字穩則心定。

出版「寫經寫字系列」的起心動念，很單純，就是給自己一段時間好好寫字，感受筆落紙上，在一筆一畫中重新回歸身心的安定力量。

惶惶不安有時，焦慮難耐有時，疫情天災更放大了不安穩與不確定，當你感到混亂的時候，就來寫字吧。

寫什麼都可以，從寫經入手，為的是在專心摹寫的過程裡，可以收斂自己紛雜的心緒，可以在呼吸落筆之間收束意念，修習定的工夫。

時至今日，寫經除了傳統概念上的「抄經以利佛法流傳」的發心祈願外，不是佛教徒同樣也可以藉由寫經傳遞與人結善緣的祝福心意，無須心有罣礙。

該如何開始寫？

如果是佛教徒的話，可以遵循宗教儀軌，先沐手，端身就坐，收攝身心，默唸〈開經偈〉一遍。然後開始寫經，寫完之後再恭頌〈迴向偈〉。

若是只想單純藉由寫經來練字定心，專念一意是最重要的，字醜字美有無錯漏都不需懊惱，錯字旁畫◯，在空白處補上正確的字，無須塗改，繼續書寫即可。

當你想把寫經的祝福心意傳遞給他人時，可以在寫完經文之後，寫下①當天日期，②寫經人姓名，③迴向給誰人，這樣就可以將你的誠懇心意圓滿表達。

本次出版的《寫心經》共有兩種版本，都是可以書寫一〇八遍的設計。

一〇八遍的寓意，蘊含的是無限的祝福與圓滿。

這兩個版本，一款是穿線裸背裝訂的二十五開本。

採用比一般平裝書在製作上更費時費工的穿線裸背裝訂，最主要的目的是可以一百八十度完全攤平，更方便書寫，更能凝心致意寫完一〇八遍。

另一款則是糊頭包裝裝幀，每一本皆是手工裝訂，選用不易殘膠的膠裝，可撕可保存。

設計成可以撕下，主要是可以自書，也可以撕下來邀請友朋一起寫。若想將書寫好的心經送給朋友做為祝福心念，這個版本也是最理想的選擇。

【關於心經】

《心經》是《般若波羅蜜多心經》（或《摩訶般若波羅蜜多心經》）的簡稱，是所有佛經中翻譯次數最多，譯成文種最豐富，最常被念誦的經典。

《心經》蘊含的人文哲思、修行法門，可以說是傳承不滅的人間智慧。以大多數人都能唸上幾句得到體驗感受的經典，做為開始寫字靜心的範本，相信更能得到體會與共鳴。

本書範帖採用唐朝三藏法師玄奘的漢譯本，這個譯本可說是流傳最廣、一般人最耳熟能詳的版本。

一起來寫好字

張明明

手寫文字，在數位時代特別覺得有溫度。想寫一手好字，起心動念是一切的開始。動手寫，養成習慣，才能在過程中孕育熱情，持續寫下去。因為書寫工具的不同，大致可以區分為硬筆字和軟筆字。軟筆（毛筆）比起硬筆，最大的差異在於毛筆的不易控制，相對的也比較不容易上手。而硬筆便於攜帶與取得，在練習便利性上大大的加分，但無論是使用哪一種書寫工具，練習時都需要使用一些技巧來讓字寫得更好看，而這些技巧是不分軟硬筆都能共通的。

一、首先是「筆」

工欲善其事，必先利其器，選對適合的筆是寫字的第一步。方便現代人隨時可以練字的硬筆種類，常見的有鉛筆、原子筆、鋼筆、中性筆等等。選筆時優先考量的是書寫出墨順暢，大體而言：鉛筆可以表現出顏色深淺及線條粗細；原子筆最容易取得，但隨著使用時間增長，筆尖易磨損，出墨不順；中性筆出墨流暢，線條輕重容易控制，是大多數人喜愛的筆類；鋼筆使用的壽命長，不同筆尖可以寫出類似書法線條的效果。每種筆各有優缺點，多方嘗試各種筆的特性，就容易找到最適合自己的筆。

二、再來是「帖」

以古為師，以帖為宗，這是萬變不離其宗的法門。剛開始練習寫字，「選什麼字帖？從哪一種字體開始入門？」是大家最常問的問題。這個問題沒有標準答案，但無論選擇什麼，關鍵都在於：必須臨摹古帖，師古人。以古為今，先摹再臨最為上策。也就是古人云：「取法乎上，僅得其中，取法乎中，僅得其下。」記得我小時候剛練字時，科技用品不如現在發達，為了要摹古帖，還特別到照片行買了二手的幻燈片燈箱，將影印來的字帖放在燈箱上，用描摹紙摹字練習。先學其形，再學其神，最後期望達到形神兼備。適合用硬筆來練習的古帖，從「容易上手」跟「考慮硬筆字工具限制」這兩點來看，我建議的楷書臨帖首選是王羲之《樂毅論》、文徵明《落花詩冊》、趙孟頫《道德經》等，這幾本帖子結體合乎法度，筆筆交代清楚，古樸秀逸，對初學者來說是很不錯的選擇。

三、學會握筆姿勢

「指實掌虛，腕平掌豎」是書法用筆的基本大法。在今日，以硬筆執筆，指實掌虛亦是不變的法則。也就是拇指、食指，中指確實握好筆管，掌心則空隙則好像可以容下雞蛋，這樣一來就能運轉自如，無窒礙之勢。請試試看這個握筆心法，多練習幾次，應該會發現寫出來的字跟以前不一樣。

四、堅持每天寫一段時間

記得高中時期，同學都埋頭書堆，我則是每天跟毛筆相處，直至今日才感受到跟筆的感情歷久彌新。每天抽出一段時間，把心靜下來跟筆培養感情。寫字是水磨功夫，只要願意開始練習，寫出一手好字不是妄想。字如其人，練字就是練心境，透過練字，可以感受到沉浸在其中的樂趣。拿起筆來試試吧，期待你也能一起享受寫字的美好。

張明明老師

宜蘭人。現任職臺北市大龍國小教務主任。師事書法名家陳鏡聰先生、江育民先生。多次獲得美展書法類優選，參加當代書藝展聯展。長年抄經寫字練習不輟。

般若波羅蜜多心經　玄奘法師譯

觀自在菩薩行深般若波羅蜜多時。照見五蘊皆空。度一切苦厄。舍利子。色不異空。空不異色。色即是空。空即是色。受想行識。亦復如是。舍利子。是諸法空相。不生不滅。不垢不淨。不增不減。是故空中無色。無受想。行。識。無眼。耳。鼻。舌。身。意。無色。聲。香。味。觸。法。無眼界。乃至無意識界。無無明亦無無明盡。乃至無老死亦無老死盡。無苦。集。滅。

道。無智亦無得。以無所得故。菩提薩埵依般若波羅蜜多故。心無罣礙。無罣礙故。無有恐怖。遠離顛倒夢想。究竟涅槃。三世諸佛依般若波羅蜜多故。得阿耨多羅三藐三菩提。故知般若波羅蜜多。是大神呪。是大明呪。是無上呪。是無等等呪。能除一切苦。真實不虛。故説般若波羅蜜多呪。即説呪曰。揭諦。揭諦。波羅揭諦。波羅僧揭諦。菩提薩婆訶。

般若波羅蜜多心經

玄奘法師譯

觀自在菩薩行深般若波羅蜜多時照見
五蘊皆空度一切苦厄舍利子色不異空
空不異色色即是空空即是色受想行識
亦復如是舍利子是諸法空相不生不滅
不垢不淨不增不減是故空中無色無受
想行識無眼耳鼻舌身意無色聲香味觸
法無眼界乃至無意識界無無明亦無無
明盡乃至無老死亦無老死盡無苦集滅

道無智亦無得以無所得故菩提薩埵依
般若波羅蜜多故心無罣礙無罣礙故無
有恐怖遠離顛倒夢想究竟涅槃三世諸
佛依般若波羅蜜多故得阿耨多羅三藐
三菩提故知般若波羅蜜多是大神咒是
大明咒是無上咒是無等等咒能除一切
苦真實不虛故說般若波羅蜜多咒即說
咒曰揭諦揭諦波羅揭諦波羅僧揭諦菩
提薩婆訶

年 月 日

般若波羅蜜多心經

玄奘法師譯

觀自在菩薩行深般若波羅蜜多時照見
五蘊皆空度一切苦厄舍利子色不異空
空不異色色即是空空即是色受想行識
亦復如是舍利子是諸法空相不生不滅
不垢不淨不增不減是故空中無色無受
想行識無眼耳鼻舌身意無色聲香味觸
法無眼界乃至無意識界無無明亦無無
明盡乃至無老死亦無老死盡無苦集滅

道無智亦無得以無所得故菩提薩埵依
般若波羅蜜多故心無罣礙無罣礙故無
有恐怖遠離顛倒夢想究竟涅槃三世諸
佛依般若波羅蜜多故得阿耨多羅三藐
三菩提故知般若波羅蜜多是大神咒是
大明咒是無上咒是無等等咒能除一切
苦真實不虛故說般若波羅蜜多咒即說
咒曰揭諦揭諦波羅揭諦波羅僧揭諦菩
提薩婆訶

年　月　日

般若波羅蜜多心經

玄奘法師譯

觀自在菩薩行深般若波羅蜜多時照見
五蘊皆空度一切苦厄舍利子色不異空
空不異色色即是空空即是色受想行識
亦復如是舍利子是諸法空相不生不滅
不垢不浄不増不減是故空中無色無受
想行識無眼耳鼻舌身意無色聲香味觸
法無眼界乃至無意識界無無明亦無無
明盡乃至無老死亦無老死盡無苦集滅

道無智亦無得以無所得故菩提薩埵依
般若波羅蜜多故心無罣礙無罣礙故無
有恐怖遠離顛倒夢想究竟涅槃三世諸
佛依般若波羅蜜多故得阿耨多羅三藐
三菩提故知般若波羅蜜多是大神呪是
大明呪是無上呪是無等等呪能除一切
苦真實不虛故說般若波羅蜜多呪即說
呪曰揭諦揭諦波羅揭諦波羅僧揭諦菩
提薩婆訶

年 月 日

般若波羅蜜多心經

玄奘法師譯

觀自在菩薩行深般若波羅蜜多時照見
五蘊皆空度一切苦厄舍利子色不異空
空不異色色即是空空即是色受想行識
亦復如是舍利子是諸法空相不生不滅
不垢不淨不增不減是故空中無色無受
想行識無眼耳鼻舌身意無色聲香味觸
法無眼界乃至無意識界無無明亦無無
明盡乃至無老死亦無老死盡無苦集滅

道無智亦無得以無所得故菩提薩埵依
般若波羅蜜多故心無罣礙無罣礙故無
有恐怖遠離顛倒夢想究竟涅槃三世諸
佛依般若波羅蜜多故得阿耨多羅三藐
三菩提故知般若波羅蜜多是大神咒是
大明咒是無上咒是無等等咒能除一切
苦真實不虛故說般若波羅蜜多咒即說
咒曰揭諦揭諦波羅揭諦波羅僧揭諦菩
提薩婆訶

年　月　日

般若波羅蜜多心經

玄奘法師譯

觀自在菩薩行深般若波羅蜜多時照見
五蘊皆空度一切苦厄舍利子色不異空
空不異色色即是空空即是色受想行識
亦復如是舍利子是諸法空相不生不滅
不垢不浄不增不減是故空中無色無受
想行識無眼耳鼻舌身意無色聲香味觸
法無眼界乃至無意識界無無明亦無無
明盡乃至無老死亦無老死盡無苦集滅

道無智亦無得以無所得故菩提薩埵依
般若波羅蜜多故心無罣礙無罣礙故無
有恐怖遠離顛倒夢想究竟涅槃三世諸
佛依般若波羅蜜多故得阿耨多羅三藐
三菩提故知般若波羅蜜多是大神咒是
大明咒是無上咒是無等等咒能除一切
苦真實不虛故說般若波羅蜜多咒即說
咒曰揭諦揭諦波羅揭諦波羅僧揭諦菩
提薩婆訶

年

月

日

般若波羅蜜多心經

玄奘法師譯

觀自在菩薩行深般若波羅蜜多時照見
五蘊皆空度一切苦厄舍利子色不異空
空不異色色即是空空即是色受想行識
亦復如是舍利子是諸法空相不生不滅
不垢不淨不增不減是故空中無色無受
想行識無眼耳鼻舌身意無色聲香味觸
法無眼界乃至無意識界無無明亦無無
明盡乃至無老死亦無老死盡無苦集滅

道無智亦無得以無所得故菩提薩埵依
般若波羅蜜多故心無罣礙無罣礙故無
有恐怖遠離顛倒夢想究竟涅槃三世諸
佛依般若波羅蜜多故得阿耨多羅三藐
三菩提故知般若波羅蜜多是大神咒是
大明咒是無上咒是無等等咒能除一切
苦真實不虛故說般若波羅蜜多咒即說
咒曰揭諦揭諦波羅揭諦波羅僧揭諦菩
提薩婆訶

年　月　日

般若波羅蜜多心經

玄奘法師譯

觀自在菩薩行深般若波羅蜜多時照見
五蘊皆空度一切苦厄舍利子色不異空
空不異色色即是空空即是色受想行識
亦復如是舍利子是諸法空相不生不滅
不垢不淨不增不減是故空中無色無受
想行識無眼耳鼻舌身意無色聲香味觸
法無眼界乃至無意識界無無明亦無無
明盡乃至無老死亦無老死盡無苦集滅

道無智亦無得以無所得故菩提薩埵依
般若波羅蜜多故心無罣礙無罣礙故無
有恐怖遠離顛倒夢想究竟涅槃三世諸
佛依般若波羅蜜多故得阿耨多羅三藐
三菩提故知般若波羅蜜多是大神咒是
大明咒是無上咒是無等等咒能除一切
苦真實不虛故說般若波羅蜜多咒即說
咒曰揭諦揭諦波羅揭諦波羅僧揭諦菩
提薩婆訶

年　月　日

般若波羅蜜多心經
玄奘法師譯
觀自在菩薩行深般若波羅蜜多時照見
五蘊皆空度一切苦厄舍利子色不異空
空不異色色即是空空即是色受想行識
亦復如是舍利子是諸法空相不生不滅
不垢不淨不增不減是故空中無色無受
想行識無眼耳鼻舌身意無色聲香味觸
法無眼界乃至無意識界無無明亦無無
明盡乃至無老死亦無老死盡無苦集滅

道無智亦無得以無所得故菩提薩埵依
般若波羅蜜多故心無罣礙無罣礙故無
有恐怖遠離顛倒夢想究竟涅槃三世諸
佛依般若波羅蜜多故得阿耨多羅三藐
三菩提故知般若波羅蜜多是大神咒是
大明咒是無上咒是無等等咒能除一切
苦真實不虛故說般若波羅蜜多咒即說
咒曰揭諦揭諦波羅揭諦波羅僧揭諦菩
提薩婆訶

年　月　日

般若波羅蜜多心經

玄奘法師譯

觀自在菩薩行深般若波羅蜜多時照見
五蘊皆空度一切苦厄舍利子色不異空
空不異色色即是空空即是色受想行識
亦復如是舍利子是諸法空相不生不滅
不垢不浄不增不減是故空中無色無受
想行識無眼耳鼻舌身意無色聲香味觸
法無眼界乃至無意識界無無明亦無無
明盡乃至無老死亦無老死盡無苦集滅

道無智亦無得以無所得故菩提薩埵依
般若波羅蜜多故心無罣礙無罣礙故無
有恐怖遠離顛倒夢想究竟涅槃三世諸
佛依般若波羅蜜多故得阿耨多羅三藐
三菩提故知般若波羅蜜多是大神呪是
大明呪是無上呪是無等等呪能除一切
苦真實不虛故說般若波羅蜜多呪即說
呪曰揭諦揭諦波羅揭諦波羅僧揭諦菩
提薩婆訶

年

月

日

般若波羅蜜多心經

玄奘法師譯

觀自在菩薩行深般若波羅蜜多時照見
五蘊皆空度一切苦厄舍利子色不異空
空不異色色即是空空即是色受想行識
亦復如是舍利子是諸法空相不生不滅
不垢不淨不增不減是故空中無色無受
想行識無眼耳鼻舌身意無色聲香味觸
法無眼界乃至無意識界無無明亦無無
明盡乃至無老死亦無老死盡無苦集滅

道無智亦無得以無所得故菩提薩埵依
般若波羅蜜多故心無罣礙無罣礙故無
有恐怖遠離顛倒夢想究竟涅槃三世諸
佛依般若波羅蜜多故得阿耨多羅三藐
三菩提故知般若波羅蜜多是大神咒是
大明咒是無上咒是無等等咒能除一切
苦真實不虛故說般若波羅蜜多咒即說
咒曰揭諦揭諦波羅揭諦波羅僧揭諦菩
提薩婆訶

年　月　日

般若波羅蜜多心經

玄奘法師譯

觀自在菩薩行深般若波羅蜜多時照見
五蘊皆空度一切苦厄舍利子色不異空
空不異色色即是空空即是色受想行識
亦復如是舍利子是諸法空相不生不滅
不垢不淨不增不減是故空中無色無受
想行識無眼耳鼻舌身意無色聲香味觸
法無眼界乃至無意識界無無明亦無無
明盡乃至無老死亦無老死盡無苦集滅

道無智亦無得以無所得故菩提薩埵依
般若波羅蜜多故心無罣礙無罣礙故無
有恐怖遠離顛倒夢想究竟涅槃三世諸
佛依般若波羅蜜多故得阿耨多羅三藐
三菩提故知般若波羅蜜多是大神咒是
大明咒是無上咒是無等等咒能除一切
苦真實不虛故說般若波羅蜜多咒即說
咒曰揭諦揭諦波羅揭諦波羅僧揭諦菩
提薩婆訶

年　月　日

般若波羅蜜多心經

玄奘法師譯

觀自在菩薩行深般若波羅蜜多時照見
五蘊皆空度一切苦厄舍利子色不異空
空不異色色即是空空即是色受想行識
亦復如是舍利子是諸法空相不生不滅
不垢不淨不增不減是故空中無色無受
想行識無眼耳鼻舌身意無色聲香味觸
法無眼界乃至無意識界無無明亦無無
明盡乃至無老死亦無老死盡無苦集滅

道無智亦無得以無所得故菩提薩埵依
般若波羅蜜多故心無罣礙無罣礙故無
有恐怖遠離顛倒夢想究竟涅槃三世諸
佛依般若波羅蜜多故得阿耨多羅三藐
三菩提故知般若波羅蜜多是大神咒是
大明咒是無上咒是無等等咒能除一切
苦真實不虛故說般若波羅蜜多咒即說
咒曰揭諦揭諦波羅揭諦波羅僧揭諦菩
提薩婆訶

年　月　日

般若波羅蜜多心經

玄奘法師譯

觀自在菩薩行深般若波羅蜜多時照見
五蘊皆空度一切苦厄舍利子色不異空
空不異色色即是空空即是色受想行識
亦復如是舍利子是諸法空相不生不滅
不垢不淨不增不減是故空中無色無受
想行識無眼耳鼻舌身意無色聲香味觸
法無眼界乃至無意識界無無明亦無無
明盡乃至無老死亦無老死盡無苦集滅

道無智亦無得以無所得故菩提薩埵依
般若波羅蜜多故心無罣礙無罣礙故無
有恐怖遠離顛倒夢想究竟涅槃三世諸
佛依般若波羅蜜多故得阿耨多羅三藐
三菩提故知般若波羅蜜多是大神咒是
大明咒是無上咒是無等等咒能除一切
苦真實不虛故說般若波羅蜜多咒即說
咒曰揭諦揭諦波羅揭諦波羅僧揭諦菩
提薩婆訶

年 月 日

般若波羅蜜多心經　玄奘法師譯
觀自在菩薩行深般若波羅蜜多時照見
五蘊皆空度一切苦厄舍利子色不異空
空不異色色即是空空即是色受想行識
亦復如是舍利子是諸法空相不生不滅
不垢不淨不增不減是故空中無色無受
想行識無眼耳鼻舌身意無色聲香味觸
法無眼界乃至無意識界無無明亦無無
明盡乃至無老死亦無老死盡無苦集滅

道無智亦無得以無所得故菩提薩埵依
般若波羅蜜多故心無罣礙無罣礙故無
有恐怖遠離顛倒夢想究竟涅槃三世諸
佛依般若波羅蜜多故得阿耨多羅三藐
三菩提故知般若波羅蜜多是大神呪是
大明呪是無上呪是無等等呪能除一切
苦真實不虛故說般若波羅蜜多呪即說
呪曰揭諦揭諦波羅揭諦波羅僧揭諦菩
提薩婆訶

年 月 日

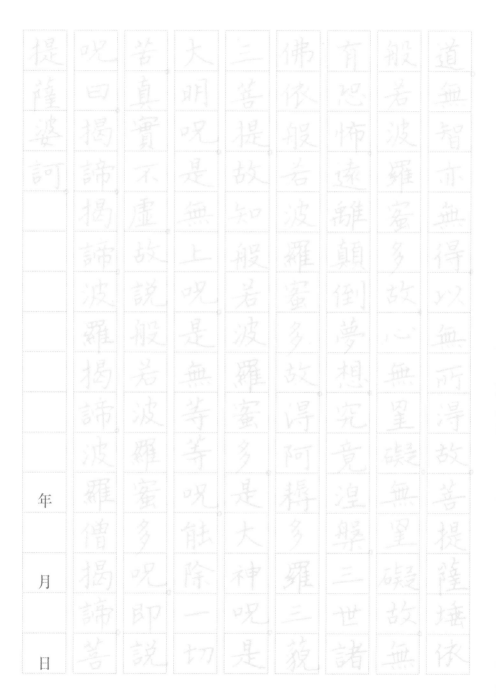

般若波羅蜜多心經

玄奘法師譯

觀自在菩薩行深般若波羅蜜多時照見
五蘊皆空度一切苦厄舍利子色不異空
空不異色色即是空空即是色受想行識
亦復如是舍利子是諸法空相不生不滅
不垢不淨不增不減是故空中無色無受
想行識無眼耳鼻舌身意無色聲香味觸
法無眼界乃至無意識界無無明亦無無
明盡乃至無老死亦無老死盡無苦集滅

道無智亦無得以無所得故菩提薩埵依
般若波羅蜜多故心無罣礙無罣礙故無
有恐怖遠離顛倒夢想究竟涅槃三世諸
佛依般若波羅蜜多故得阿耨多羅三藐
三菩提故知般若波羅蜜多是大神咒是
大明咒是無上咒是無等等咒能除一切
苦真實不虛故說般若波羅蜜多咒即說
咒曰揭諦揭諦波羅揭諦波羅僧揭諦菩
提薩婆訶

年

月

日

般若波羅蜜多心經

玄奘法師譯

觀自在菩薩行深般若波羅蜜多時照見
五蘊皆空度一切苦厄舍利子色不異空
空不異色色即是空空即是色受想行識
亦復如是舍利子是諸法空相不生不滅
不垢不淨不增不減是故空中無色無受
想行識無眼耳鼻舌身意無色聲香味觸
法無眼界乃至無意識界無無明亦無無
明盡乃至無老死亦無老死盡無苦集滅

道無智亦無得以無所得故菩提薩埵依
般若波羅蜜多故心無罣礙無罣礙故無
有恐怖遠離顛倒夢想究竟涅槃三世諸
佛依般若波羅蜜多故得阿耨多羅三藐
三菩提故知般若波羅蜜多是大神呪是
大明呪是無上呪是無等等呪能除一切
苦真實不虛故說般若波羅蜜多呪即說
呪曰揭諦揭諦波羅揭諦波羅僧揭諦菩
提薩婆訶

年　月　日

般若波羅蜜多心經

玄奘法師譯

觀自在菩薩行深般若波羅蜜多時照見
五蘊皆空度一切苦厄舍利子色不異空
空不異色色即是空空即是色受想行識
亦復如是舍利子是諸法空相不生不滅
不垢不淨不增不減是故空中無色無受
想行識無眼耳鼻舌身意無色聲香味觸
法無眼界乃至無意識界無無明亦無無
明盡乃至無老死亦無老死盡無苦集滅

道無智亦無得以無所得故菩提薩埵依
般若波羅蜜多故心無罣礙無罣礙故無
有恐怖遠離顛倒夢想究竟涅槃三世諸
佛依般若波羅蜜多故得阿耨多羅三藐
三菩提故知般若波羅蜜多是大神咒是
大明咒是無上咒是無等等咒能除一切
苦真實不虛故說般若波羅蜜多咒即說
咒曰揭諦揭諦波羅揭諦波羅僧揭諦菩
提薩婆訶

年　月　日

般若波羅蜜多心經

玄奘法師譯

觀自在菩薩行深般若波羅蜜多時照見
五蘊皆空度一切苦厄舍利子色不異空
空不異色色即是空空即是色受想行識
亦復如是舍利子是諸法空相不生不滅
不垢不浄不増不減是故空中無色無受
想行識無眼耳鼻舌身意無色聲香味觸
法無眼界乃至無意識界無無明亦無無
明盡乃至無老死亦無老死盡無苦集滅

道無智亦無得以無所得故菩提薩埵依
般若波羅蜜多故心無罣礙無罣礙故無
有恐怖遠離顛倒夢想究竟涅槃三世諸
佛依般若波羅蜜多故得阿耨多羅三藐
三菩提故知般若波羅蜜多是大神咒是
大明咒是無上咒是無等等咒能除一切
苦真實不虛故說般若波羅蜜多咒即說
咒曰揭諦揭諦波羅揭諦波羅僧揭諦菩
提薩婆訶

年　月　日

般若波羅蜜多心經

玄奘法師譯

觀自在菩薩行深般若波羅蜜多時照見
五蘊皆空度一切苦厄舍利子色不異空
空不異色色即是空空即是色受想行識
亦復如是舍利子是諸法空相不生不滅
不垢不淨不增不減是故空中無色無受
想行識無眼耳鼻舌身意無色聲香味觸
法無眼界乃至無意識界無無明亦無無
明盡乃至無老死亦無老死盡無苦集滅

道無智亦無得以無所得故菩提薩埵依
般若波羅蜜多故心無罣礙無罣礙故無
有恐怖遠離顛倒夢想究竟涅槃三世諸
佛依般若波羅蜜多故得阿耨多羅三藐
三菩提故知般若波羅蜜多是大神咒是
大明咒是無上咒是無等等咒能除一切
苦真實不虛故說般若波羅蜜多咒即說
咒曰揭諦揭諦波羅揭諦波羅僧揭諦菩
提薩婆訶

年 月 日

般若波羅蜜多心經

玄奘法師譯

觀自在菩薩行深般若波羅蜜多時照見
五蘊皆空度一切苦厄舍利子色不異空
空不異色色即是空空即是色受想行識
亦復如是舍利子是諸法空相不生不滅
不垢不浄不增不減是故空中無色無受
想行識無眼耳鼻舌身意無色聲香味觸
法無眼界乃至無意識界無無明亦無無
明盡乃至無老死亦無老死盡無苦集滅

道無智亦無得以無所得故菩提薩埵依
般若波羅蜜多故心無罣礙無罣礙故無
有恐怖遠離顛倒夢想究竟涅槃三世諸
佛依般若波羅蜜多故得阿耨多羅三藐
三菩提故知般若波羅蜜多是大神咒是
大明咒是無上咒是無等等咒能除一切
苦真實不虛故說般若波羅蜜多咒即說
咒曰揭諦揭諦波羅揭諦波羅僧揭諦菩
提薩婆訶

年　月　日

般若波羅蜜多心經

玄奘法師譯

觀自在菩薩行深般若波羅蜜多時照見
五蘊皆空度一切苦厄舍利子色不異空
空不異色色即是空空即是色受想行識
亦復如是舍利子是諸法空相不生不滅
不垢不净不增不減是故空中無色無受
想行識無眼耳鼻舌身意無色聲香味觸
法無眼界乃至無意識界無無明亦無無
明盡乃至無老死亦無老死盡無苦集滅

道無智亦無得以無所得故菩提薩埵依
般若波羅蜜多故心無罣礙無罣礙故無
有恐怖遠離顛倒夢想究竟涅槃三世諸
佛依般若波羅蜜多故得阿耨多羅三藐
三菩提故知般若波羅蜜多是大神咒是
大明咒是無上咒是無等等咒能除一切
苦真實不虛故說般若波羅蜜多咒即說
咒曰揭諦揭諦波羅揭諦波羅僧揭諦菩
提薩婆訶

年　月　日

般若波羅蜜多心經

玄奘法師譯

観自在菩薩行深般若波羅蜜多時照見五蘊皆空度一切苦厄舍利子色不異空空不異色色即是空空即是色受想行識亦復如是舍利子是諸法空相不生不滅不垢不浄不増不減是故空中無色無受想行識無眼耳鼻舌身意無色聲香味觸法無眼界乃至無意識界無無明亦無無明盡乃至無老死亦無老死盡無苦集滅

道無智亦無得以無所得故菩提薩埵依
般若波羅蜜多故心無罣礙無罣礙故無
有恐怖遠離顛倒夢想究竟涅槃三世諸
佛依般若波羅蜜多故得阿耨多羅三藐
三菩提故知般若波羅蜜多是大神呪是
大明呪是無上呪是無等等呪能除一切
苦真實不虛故說般若波羅蜜多呪即說
呪曰揭諦揭諦波羅揭諦波羅僧揭諦菩
提薩婆訶

年　月　日

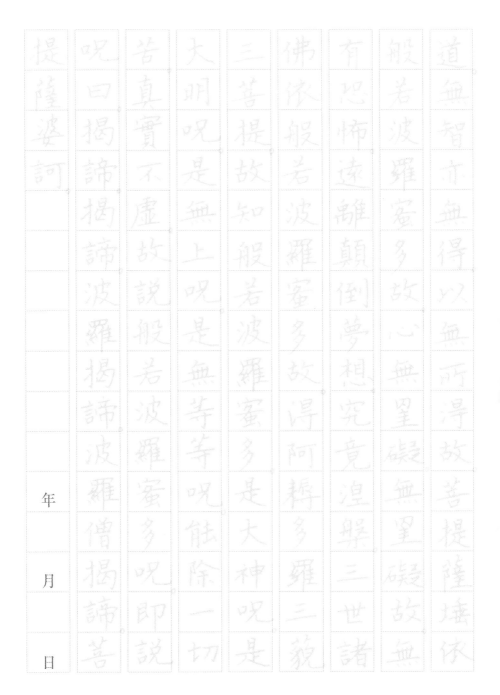

般若波羅蜜多心經

玄奘法師譯

觀自在菩薩行深般若波羅蜜多時照見
五蘊皆空度一切苦厄舍利子色不異空
空不異色色即是空空即是色受想行識
亦復如是舍利子是諸法空相不生不滅
不垢不浄不增不減是故空中無色無受
想行識無眼耳鼻舌身意無色聲香味觸
法無眼界乃至無意識界無無明亦無無
明盡乃至無老死亦無老死盡無苦集滅

道無智亦無得以無所得故菩提薩埵依
般若波羅蜜多故心無罣礙無罣礙故無
有恐怖遠離顛倒夢想究竟涅槃三世諸
佛依般若波羅蜜多故得阿耨多羅三藐
三菩提故知般若波羅蜜多是大神咒是
大明咒是無上咒是無等等咒能除一切
苦真實不虛故說般若波羅蜜多咒即說
咒曰揭諦揭諦波羅揭諦波羅僧揭諦菩
提薩婆訶

年　月　日

般若波羅蜜多心經

玄奘法師譯

觀自在菩薩行深般若波羅蜜多時照見
五蘊皆空度一切苦厄舍利子色不異空
空不異色色即是空空即是色受想行識
亦復如是舍利子是諸法空相不生不滅
不垢不淨不增不減是故空中無色無受
想行識無眼耳鼻舌身意無色聲香味觸
法無眼界乃至無意識界無無明亦無無
明盡乃至無老死亦無老死盡無苦集滅

道無智亦無得以無所得故菩提薩埵依
般若波羅蜜多故心無罣礙無罣礙故無
有恐怖遠離顛倒夢想究竟涅槃三世諸
佛依般若波羅蜜多故得阿耨多羅三藐
三菩提故知般若波羅蜜多是大神咒是
大明咒是無上咒是無等等咒能除一切
苦真實不虛故說般若波羅蜜多咒即說
咒曰揭諦揭諦波羅揭諦波羅僧揭諦菩
提薩婆訶

年 月 日

般若波羅蜜多心經

玄奘法師譯

觀自在菩薩行深般若波羅蜜多時照見
五蘊皆空度一切苦厄舍利子色不異空
空不異色色即是空空即是色受想行識
亦復如是舍利子是諸法空相不生不滅
不垢不淨不增不減是故空中無色無受
想行識無眼耳鼻舌身意無色聲香味觸
法無眼界乃至無意識界無無明亦無無
明盡乃至無老死亦無老死盡無苦集滅

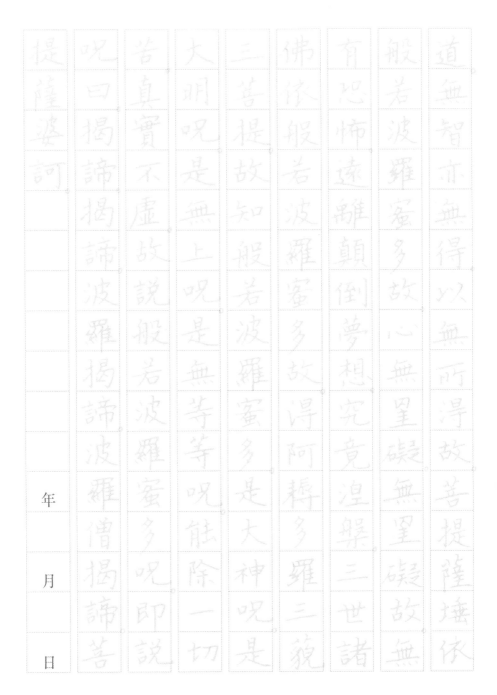

道無智亦無得以無所得故菩提薩埵依
般若波羅蜜多故心無罣礙無罣礙故無
有恐怖遠離顛倒夢想究竟涅槃三世諸
佛依般若波羅蜜多故得阿耨多羅三藐
三菩提故知般若波羅蜜多是大神咒是
大明咒是無上咒是無等等咒能除一切
苦真實不虛故說般若波羅蜜多咒即說
咒曰揭諦揭諦波羅揭諦波羅僧揭諦菩
提薩婆訶

年 月 日

般若波羅蜜多心經

玄奘法師譯

觀自在菩薩行深般若波羅蜜多時照見五蘊皆空度一切苦厄舍利子色不異空空不異色色即是空空即是色受想行識亦復如是舍利子是諸法空相不生不滅不垢不淨不增不減是故空中無色無受想行識無眼耳鼻舌身意無色聲香味觸法無眼界乃至無意識界無無明亦無無明盡乃至無老死亦無老死盡無苦集滅

道無智亦無得以無所得故菩提薩埵依
般若波羅蜜多故心無罣礙無罣礙故無
有恐怖遠離顛倒夢想究竟涅槃三世諸
佛依般若波羅蜜多故得阿耨多羅三藐
三菩提故知般若波羅蜜多是大神咒是
大明咒是無上咒是無等等咒能除一切
苦真實不虛故説般若波羅蜜多咒即説
咒曰揭諦揭諦波羅揭諦波羅僧揭諦菩
提薩婆訶

年　月　日

般若波羅蜜多心經

玄奘法師譯

觀自在菩薩行深般若波羅蜜多時照見
五蘊皆空度一切苦厄舍利子色不異空
空不異色色即是空空即是色受想行識
亦復如是舍利子是諸法空相不生不滅
不垢不淨不增不減是故空中無色無受
想行識無眼耳鼻舌身意無色聲香味觸
法無眼界乃至無意識界無無明亦無無
明盡乃至無老死亦無老死盡無苦集滅

道無智亦無得以無所得故菩提薩埵依
般若波羅蜜多故心無罣礙無罣礙故無
有恐怖遠離顛倒夢想究竟涅槃三世諸
佛依般若波羅蜜多故得阿耨多羅三藐
三菩提故知般若波羅蜜多是大神咒是
大明咒是無上咒是無等等咒能除一切
苦真實不虛故說般若波羅蜜多咒即說
咒曰揭諦揭諦波羅揭諦波羅僧揭諦菩
提薩婆訶

年　月　日

般若波羅蜜多心經

玄奘法師譯

觀自在菩薩行深般若波羅蜜多時照見
五蘊皆空度一切苦厄舎利子色不異空
空不異色色即是空空即是色受想行識
亦復如是舎利子是諸法空相不生不滅
不垢不浄不増不減是故空中無色無受
想行識無眼耳鼻舌身意無色聲香味觸
法無眼界乃至無意識界無無明亦無無
明盡乃至無老死亦無老死盡無苦集滅

道無智亦無得以無所得故菩提薩埵依
般若波羅蜜多故心無罣礙無罣礙故無
有恐怖遠離顛倒夢想究竟涅槃三世諸
佛依般若波羅蜜多故得阿耨多羅三藐
三菩提故知般若波羅蜜多是大神呪是
大明呪是無上呪是無等等呪能除一切
苦真實不虛故説般若波羅蜜多呪即説
呪曰揭諦揭諦波羅揭諦波羅僧揭諦菩
提薩婆訶

年 月 日

般若波羅蜜多心經

玄奘法師譯

觀自在菩薩行深般若波羅蜜多時照見
五蘊皆空度一切苦厄舍利子色不異空
空不異色色即是空空即是色受想行識
亦復如是舍利子是諸法空相不生不滅
不垢不淨不增不減是故空中無色無受
想行識無眼耳鼻舌身意無色聲香味觸
法無眼界乃至無意識界無無明亦無無
明盡乃至無老死亦無老死盡無苦集滅

道無智亦無得以無所得故菩提薩埵依
般若波羅蜜多故心無罣礙無罣礙故無
有恐怖遠離顛倒夢想究竟涅槃三世諸
佛依般若波羅蜜多故得阿耨多羅三藐
三菩提故知般若波羅蜜多是大神咒是
大明咒是無上咒是無等等咒能除一切
苦真實不虛故說般若波羅蜜多咒即說
咒曰揭諦揭諦波羅揭諦波羅僧揭諦菩
提薩婆訶

年　月　日

般若波羅蜜多心經

玄奘法師譯

觀自在菩薩行深般若波羅蜜多時照見
五蘊皆空度一切苦厄舍利子色不異空
空不異色色即是空空即是色受想行識
亦復如是舍利子是諸法空相不生不滅
不垢不淨不增不減是故空中無色無受
想行識無眼耳鼻舌身意無色聲香味觸
法無眼界乃至無意識界無無明亦無無
明盡乃至無老死亦無老死盡無苦集滅

道無智亦無得以無所得故菩提薩埵依
般若波羅蜜多故心無罣礙無罣礙故無
有恐怖遠離顛倒夢想究竟涅槃三世諸
佛依般若波羅蜜多故得阿耨多羅三藐
三菩提故知般若波羅蜜多是大神咒是
大明咒是無上咒是無等等咒能除一切
苦真實不虛故說般若波羅蜜多咒即說
咒曰揭諦揭諦波羅揭諦波羅僧揭諦菩
提薩婆訶

年　月　日

般若波羅蜜多心經

玄奘法師譯

觀自在菩薩行深般若波羅蜜多時照見
五蘊皆空度一切苦厄舍利子色不異空
空不異色色即是空空即是色受想行識
亦復如是舍利子是諸法空相不生不滅
不垢不淨不增不減是故空中無色無受
想行識無眼耳鼻舌身意無色聲香味觸
法無眼界乃至無意識界無無明亦無無
明盡乃至無老死亦無老死盡無苦集滅

道無智亦無得以無所得故菩提薩埵依
般若波羅蜜多故心無罣礙無罣礙故無
有恐怖遠離顛倒夢想究竟涅槃三世諸
佛依般若波羅蜜多故得阿耨多羅三藐
三菩提故知般若波羅蜜多是大神咒是
大明咒是無上咒是無等等咒能除一切
苦真實不虛故說般若波羅蜜多咒即說
咒曰揭諦揭諦波羅揭諦波羅僧揭諦菩
提薩婆訶

年　月　日

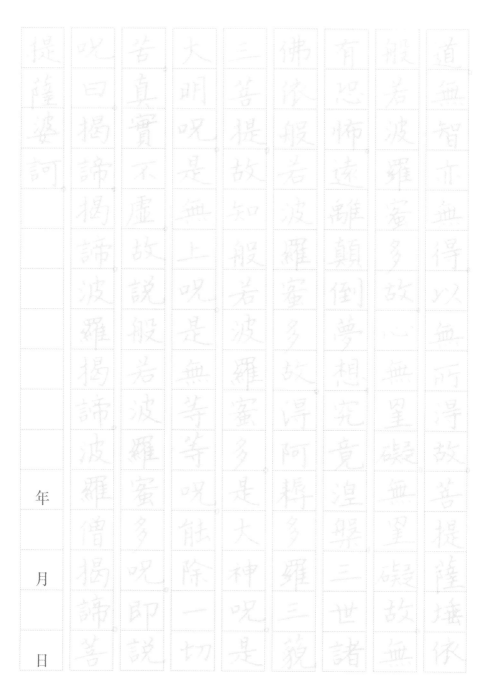

般若波羅蜜多心經

玄奘法師譯

觀自在菩薩行深般若波羅蜜多時照見
五蘊皆空度一切苦厄舍利子色不異空
空不異色色即是空空即是色受想行識
亦復如是舍利子是諸法空相不生不滅
不垢不淨不增不減是故空中無色無受
想行識無眼耳鼻舌身意無色聲香味觸
法無眼界乃至無意識界無無明亦無無
明盡乃至無老死亦無老死盡無苦集滅

道無智亦無得以無所得故菩提薩埵依
般若波羅蜜多故心無罣礙無罣礙故無
有恐怖遠離顛倒夢想究竟涅槃三世諸
佛依般若波羅蜜多故得阿耨多羅三藐
三菩提故知般若波羅蜜多是大神咒是
大明咒是無上咒是無等等咒能除一切
苦真實不虛故說般若波羅蜜多咒即說
咒曰揭諦揭諦波羅揭諦波羅僧揭諦菩
提薩婆訶

年

月

日

般若波羅蜜多心經

玄奘法師譯

觀自在菩薩行深般若波羅蜜多時照見
五蘊皆空度一切苦厄舍利子色不異空
空不異色色即是空空即是色受想行識
亦復如是舍利子是諸法空相不生不滅
不垢不浄不増不減是故空中無色無受
想行識無眼耳鼻舌身意無色聲香味觸
法無眼界乃至無意識界無無明亦無無
明盡乃至無老死亦無老死盡無苦集滅

道無智亦無得以無所得故菩提薩埵依
般若波羅蜜多故心無罣礙無罣礙故無
有恐怖遠離顛倒夢想究竟涅槃三世諸
佛依般若波羅蜜多故得阿耨多羅三藐
三菩提故知般若波羅蜜多是大神咒是
大明咒是無上咒是無等等咒能除一切
苦真實不虛故說般若波羅蜜多咒即說
咒曰揭諦揭諦波羅揭諦波羅僧揭諦菩
提薩婆訶

年 月 日

般若波羅蜜多心経

玄奘法師譯

観自在菩薩行深般若波羅蜜多時照見
五蘊皆空度一切苦厄舍利子色不異空
空不異色色即是空空即是色受想行識
亦復如是舍利子是諸法空相不生不滅
不垢不浄不増不減是故空中無色無受
想行識無眼耳鼻舌身意無色聲香味觸
法無眼界乃至無意識界無無明亦無無
明盡乃至無老死亦無老死盡無苦集滅

道無智亦無得以無所得故菩提薩埵依
般若波羅蜜多故心無罣礙無罣礙故無
有恐怖遠離顛倒夢想究竟涅槃三世諸
佛依般若波羅蜜多故得阿耨多羅三藐
三菩提故知般若波羅蜜多是大神咒是
大明咒是無上咒是無等等咒能除一切
苦真實不虛故說般若波羅蜜多咒即說
咒曰揭諦揭諦波羅揭諦波羅僧揭諦菩
提薩婆訶

年 月 日

般若波羅蜜多心經 玄奘法師譯
觀自在菩薩行深般若波羅蜜多時照見
五蘊皆空度一切苦厄舍利子色不異空
空不異色色即是空空即是色受想行識
亦復如是舍利子是諸法空相不生不滅
不垢不浄不增不減是故空中無色無受
想行識無眼耳鼻舌身意無色聲香味觸
法無眼界乃至無意識界無無明亦無無
明盡乃至無老死亦無老死盡無苦集滅

道無智亦無得以無所得故菩提薩埵依
般若波羅蜜多故心無罣礙無罣礙故無
有恐怖遠離顛倒夢想究竟涅槃三世諸
佛依般若波羅蜜多故得阿耨多羅三藐
三菩提故知般若波羅蜜多是大神咒是
大明咒是無上咒是無等等咒能除一切
苦真實不虛故說般若波羅蜜多咒即說
咒曰揭諦揭諦波羅揭諦波羅僧揭諦菩
提薩婆訶

年 月 日

般若波羅蜜多心經

玄奘法師譯

觀自在菩薩行深般若波羅蜜多時照見
五蘊皆空度一切苦厄舍利子色不異空
空不異色色即是空空即是色受想行識
亦復如是舍利子是諸法空相不生不滅
不垢不淨不增不減是故空中無色無受
想行識無眼耳鼻舌身意無色聲香味觸
法無眼界乃至無意識界無無明亦無無
明盡乃至無老死亦無老死盡無苦集滅

道無智亦無得以無所得故菩提薩埵依
般若波羅蜜多故心無罣礙無罣礙故無
有恐怖遠離顛倒夢想究竟涅槃三世諸
佛依般若波羅蜜多故得阿耨多羅三藐
三菩提故知般若波羅蜜多是大神咒是
大明咒是無上咒是無等等咒能除一切
苦真實不虛故說般若波羅蜜多咒即說
咒曰揭諦揭諦波羅揭諦波羅僧揭諦菩
提薩婆訶

年 月 日

般若波羅蜜多心經

玄奘法師譯

觀自在菩薩行深般若波羅蜜多時照見
五蘊皆空度一切苦厄舍利子色不異空
空不異色色即是空空即是色受想行識
亦復如是舍利子是諸法空相不生不滅
不垢不淨不增不減是故空中無色無受
想行識無眼耳鼻舌身意無色聲香味觸
法無眼界乃至無意識界無無明亦無無
明盡乃至無老死亦無老死盡無苦集滅

道無智亦無得以無所得故菩提薩埵依
般若波羅蜜多故心無罣礙無罣礙故無
有恐怖遠離顛倒夢想究竟涅槃三世諸
佛依般若波羅蜜多故得阿耨多羅三藐
三菩提故知般若波羅蜜多是大神咒是
大明咒是無上咒是無等等咒能除一切
苦真實不虛故說般若波羅蜜多咒即說
咒曰揭諦揭諦波羅揭諦波羅僧揭諦菩
提薩婆訶

年　月　日

般若波羅蜜多心經

玄奘法師譯

觀自在菩薩行深般若波羅蜜多時照見
五蘊皆空度一切苦厄舍利子色不異空
空不異色色即是空空即是色受想行識
亦復如是舍利子是諸法空相不生不滅
不垢不淨不增不減是故空中無色無受
想行識無眼耳鼻舌身意無色聲香味觸
法無眼界乃至無意識界無無明亦無無
明盡乃至無老死亦無老死盡無苦集滅

道無智亦無得以無所得故菩提薩埵依
般若波羅蜜多故心無罣礙無罣礙故無
有恐怖遠離顛倒夢想究竟涅槃三世諸
佛依般若波羅蜜多故得阿耨多羅三藐
三菩提故知般若波羅蜜多是大神呪是
大明呪是無上呪是無等等呪能除一切
苦真實不虛故說般若波羅蜜多呪即說
呪曰揭諦揭諦波羅揭諦波羅僧揭諦菩
提薩婆訶

年　月　日

般若波羅蜜多心經

玄奘法師譯

觀自在菩薩行深般若波羅蜜多時照見五蘊皆空度一切苦厄舍利子色不異空空不異色色即是空空即是色受想行識亦復如是舍利子是諸法空相不生不滅不垢不淨不增不減是故空中無色無受想行識無眼耳鼻舌身意無色聲香味觸法無眼界乃至無意識界無無明亦無無明盡乃至無老死亦無老死盡無苦集滅

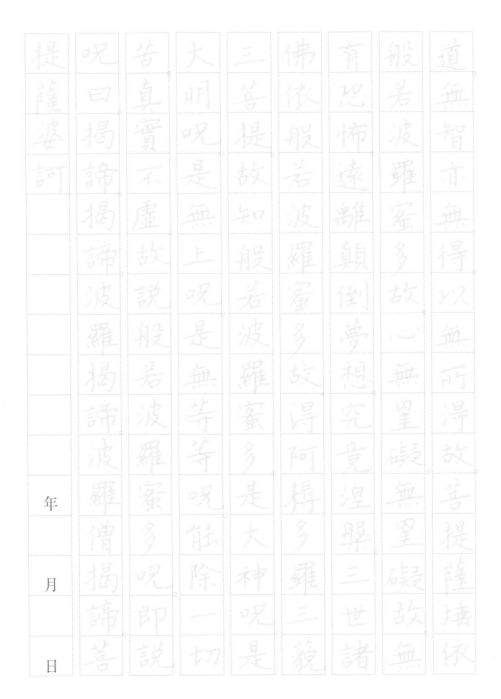

道無智亦無得以無所得故菩提薩埵依
般若波羅蜜多故心無罣礙無罣礙故無
有恐怖遠離顛倒夢想究竟涅槃三世諸
佛依般若波羅蜜多故得阿耨多羅三藐
三菩提故知般若波羅蜜多是大神咒是
大明咒是無上咒是無等等咒能除一切
苦真實不虛故說般若波羅蜜多咒即說
咒曰揭諦揭諦波羅揭諦波羅僧揭諦菩
提薩婆訶

年 月 日

般若波羅蜜多心經

玄奘法師譯

觀自在菩薩行深般若波羅蜜多時照見
五蘊皆空度一切苦厄舍利子色不異空
空不異色色即是空空即是色受想行識
亦復如是舍利子是諸法空相不生不滅
不垢不淨不增不減是故空中無色無受
想行識無眼耳鼻舌身意無色聲香味觸
法無眼界乃至無意識界無無明亦無無
明盡乃至無老死亦無老死盡無苦集滅

道無智亦無得以無所得故菩提薩埵依
般若波羅蜜多故心無罣礙無罣礙故無
有恐怖遠離顛倒夢想究竟涅槃三世諸
佛依般若波羅蜜多故得阿耨多羅三藐
三菩提故知般若波羅蜜多是大神咒是
大明咒是無上咒是無等等咒能除一切
苦真實不虛故說般若波羅蜜多咒即說
咒曰揭諦揭諦波羅揭諦波羅僧揭諦菩
提薩婆訶

年　月　日

般若波羅蜜多心經

玄奘法師譯

觀自在菩薩行深般若波羅蜜多時照見五蘊皆空度一切苦厄舍利子色不異空空不異色色即是空空即是色受想行識亦復如是舍利子是諸法空相不生不滅不垢不淨不增不減是故空中無色無受想行識無眼耳鼻舌身意無色聲香味觸法無眼界乃至無意識界無無明亦無無明盡乃至無老死亦無老死盡無苦集滅

道無智亦無得以無所得故菩提薩埵依
般若波羅蜜多故心無罣礙無罣礙故無
有恐怖遠離顛倒夢想究竟涅槃三世諸
佛依般若波羅蜜多故得阿耨多羅三藐
三菩提故知般若波羅蜜多是大神呪是
大明呪是無上呪是無等等呪能除一切
苦真實不虛故説般若波羅蜜多呪即説
呪曰揭諦揭諦波羅揭諦波羅僧揭諦菩
提薩婆訶

年 月 日

般若波羅蜜多心經

玄奘法師譯

觀自在菩薩行深般若波羅蜜多時照見
五蘊皆空度一切苦厄舍利子色不異空
空不異色色即是空空即是色受想行識
亦復如是舍利子是諸法空相不生不滅
不垢不淨不增不減是故空中無色無受
想行識無眼耳鼻舌身意無色聲香味觸
法無眼界乃至無意識界無無明亦無無
明盡乃至無老死亦無老死盡無苦集滅

道無智亦無得以無所得故菩提薩埵依
般若波羅蜜多故心無罣礙無罣礙故無
有恐怖遠離顛倒夢想究竟涅槃三世諸
佛依般若波羅蜜多故得阿耨多羅三藐
三菩提故知般若波羅蜜多是大神咒是
大明咒是無上咒是無等等咒能除一切
苦真實不虛故說般若波羅蜜多咒即說
咒曰揭諦揭諦波羅揭諦波羅僧揭諦菩
提薩婆訶

年　月　日

般若波羅蜜多心經

玄奘法師譯

觀自在菩薩行深般若波羅蜜多時照見
五蘊皆空度一切苦厄舍利子色不異空
空不異色色即是空空即是色受想行識
亦復如是舍利子是諸法空相不生不滅
不垢不淨不增不減是故空中無色無受
想行識無眼耳鼻舌身意無色聲香味觸
法無眼界乃至無意識界無無明亦無無
明盡乃至無老死亦無老死盡無苦集滅

道無智亦無得以無所得故菩提薩埵依
般若波羅蜜多故心無罣礙無罣礙故無
有恐怖遠離顛倒夢想究竟涅槃三世諸
佛依般若波羅蜜多故得阿耨多羅三藐
三菩提故知般若波羅蜜多是大神呪是
大明呪是無上呪是無等等呪能除一切
苦真實不虛故說般若波羅蜜多呪即說
呪曰揭諦揭諦波羅揭諦波羅僧揭諦菩
提薩婆訶

年　月　日

般若波羅蜜多心經

玄奘法師譯

觀自在菩薩行深般若波羅蜜多時照見
五蘊皆空度一切苦厄舍利子色不異空
空不異色色即是空空即是色受想行識
亦復如是舍利子是諸法空相不生不滅
不垢不淨不增不減是故空中無色無受
想行識無眼耳鼻舌身意無色聲香味觸
法無眼界乃至無意識界無無明亦無無
明盡乃至無老死亦無老死盡無苦集滅

道無智亦無得以無所得故菩提薩埵依
般若波羅蜜多故心無罣礙無罣礙故無
有恐怖遠離顛倒夢想究竟涅槃三世諸
佛依般若波羅蜜多故得阿耨多羅三藐
三菩提故知般若波羅蜜多是大神咒是
大明咒是無上咒是無等等咒能除一切
苦真實不虛故說般若波羅蜜多咒即說
咒曰揭諦揭諦波羅揭諦波羅僧揭諦菩
提薩婆訶

年 月 日

般若波羅蜜多心經

玄奘法師譯

觀自在菩薩行深般若波羅蜜多時照見
五蘊皆空度一切苦厄舍利子色不異空
空不異色色即是空空即是色受想行識
亦復如是舍利子是諸法空相不生不滅
不垢不淨不增不減是故空中無色無受
想行識無眼耳鼻舌身意無色聲香味觸
法無眼界乃至無意識界無無明亦無無
明盡乃至無老死亦無老死盡無苦集滅

道無智亦無得以無所得故菩提薩埵依
般若波羅蜜多故心無罣礙無罣礙故無
有恐怖遠離顛倒夢想究竟涅槃三世諸
佛依般若波羅蜜多故得阿耨多羅三藐
三菩提故知般若波羅蜜多是大神咒是
大明咒是無上咒是無等等咒能除一切
苦真實不虛故說般若波羅蜜多咒即說
咒曰揭諦揭諦波羅揭諦波羅僧揭諦菩
提薩婆訶

年 月 日

般若波羅蜜多心經

玄奘法師譯

觀自在菩薩行深般若波羅蜜多時照見
五蘊皆空度一切苦厄舍利子色不異空
空不異色色即是空空即是色受想行識
亦復如是舍利子是諸法空相不生不滅
不垢不淨不增不減是故空中無色無受
想行識無眼耳鼻舌身意無色聲香味觸
法無眼界乃至無意識界無無明亦無無
明盡乃至無老死亦無老死盡無苦集滅

道無智亦無得以無所得故菩提薩埵依
般若波羅蜜多故心無罣礙無罣礙故無
有恐怖遠離顛倒夢想究竟涅槃三世諸
佛依般若波羅蜜多故得阿耨多羅三藐
三菩提故知般若波羅蜜多是大神咒是
大明咒是無上咒是無等等咒能除一切
苦真實不虛故說般若波羅蜜多咒即說
咒曰揭諦揭諦波羅揭諦波羅僧揭諦菩
提薩婆訶

年　月　日

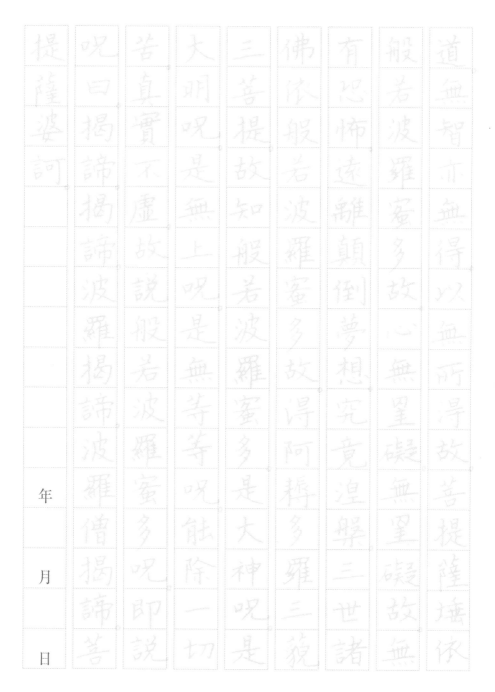

般若波羅蜜多心經

玄奘法師譯

觀自在菩薩行深般若波羅蜜多時照見五蘊皆空度一切苦厄舍利子色不異空空不異色色即是空空即是色受想行識亦復如是舍利子是諸法空相不生不滅不垢不淨不增不減是故空中無色無受想行識無眼耳鼻舌身意無色聲香味觸法無眼界乃至無意識界無無明亦無無明盡乃至無老死亦無老死盡無苦集滅

道無智亦無得以無所得故菩提薩埵依
般若波羅蜜多故心無罣礙無罣礙故無
有恐怖遠離顛倒夢想究竟涅槃三世諸
佛依般若波羅蜜多故得阿耨多羅三藐
三菩提故知般若波羅蜜多是大神咒是
大明咒是無上咒是無等等咒能除一切
苦真實不虛故說般若波羅蜜多咒即說
咒曰揭諦揭諦波羅揭諦波羅僧揭諦菩
提薩婆訶

年
月
日

般若波羅蜜多心經

玄奘法師譯

觀自在菩薩行深般若波羅蜜多時照見

五蘊皆空度一切苦厄舍利子色不異空

空不異色色即是空空即是色受想行識

亦復如是舍利子是諸法空相不生不滅

不垢不淨不增不減是故空中無色無受

想行識無眼耳鼻舌身意無色聲香味觸

法無眼界乃至無意識界無無明亦無無

明盡乃至無老死亦無老死盡無苦集滅

道無智亦無得以無所得故菩提薩埵依
般若波羅蜜多故心無罣礙無罣礙故無
有恐怖遠離顛倒夢想究竟涅槃三世諸
佛依般若波羅蜜多故得阿耨多羅三藐
三菩提故知般若波羅蜜多是大神呪是
大明呪是無上呪是無等等呪能除一切
苦真實不虛故說般若波羅蜜多呪即說
呪曰揭諦揭諦波羅揭諦波羅僧揭諦菩
提薩婆訶

年　月　日

般若波羅蜜多心經

玄奘法師譯

觀自在菩薩行深般若波羅蜜多時照見

五蘊皆空度一切苦厄舍利子色不異空

空不異色色即是空空即是色受想行識

亦復如是舍利子是諸法空相不生不滅

不垢不淨不增不減是故空中無色無受

想行識無眼耳鼻舌身意無色聲香味觸

法無眼界乃至無意識界無無明亦無無

明盡乃至無老死亦無老死盡無苦集滅

道無智亦無得以無所得故菩提薩埵依
般若波羅蜜多故心無罣礙無罣礙故無
有恐怖遠離顛倒夢想究竟涅槃三世諸
佛依般若波羅蜜多故得阿耨多羅三藐
三菩提故知般若波羅蜜多是大神咒是
大明咒是無上咒是無等等咒能除一切
苦真實不虛故說般若波羅蜜多咒即說
咒曰揭諦揭諦波羅揭諦波羅僧揭諦菩
提薩婆訶

年　月　日

般若波羅蜜多心經

玄奘法師譯

觀自在菩薩行深般若波羅蜜多時照見
五蘊皆空度一切苦厄舍利子色不異空
空不異色色即是空空即是色受想行識
亦復如是舍利子是諸法空相不生不滅
不垢不浄不增不減是故空中無色無受
想行識無眼耳鼻舌身意無色聲香味觸
法無眼界乃至無意識界無無明亦無無
明盡乃至無老死亦無老死盡無苦集滅

道無智亦無得以無所得故菩提薩埵依
般若波羅蜜多故心無罣礙無罣礙故無
有恐怖遠離顛倒夢想究竟涅槃三世諸
佛依般若波羅蜜多故得阿耨多羅三藐
三菩提故知般若波羅蜜多是大神呪是
大明呪是無上呪是無等等呪能除一切
苦真實不虛故說般若波羅蜜多呪即說
呪曰揭諦揭諦波羅揭諦波羅僧揭諦菩
提薩婆訶

年　月　日

般若波羅蜜多心經

玄奘法師譯

觀自在菩薩行深般若波羅蜜多時照見五蘊皆空度一切苦厄舍利子色不異空空不異色色即是空空即是色受想行識亦復如是舍利子是諸法空相不生不滅不垢不淨不增不減是故空中無色無受想行識無眼耳鼻舌身意無色聲香味觸法無眼界乃至無意識界無無明亦無無明盡乃至無老死亦無老死盡無苦集滅

道無智亦無得以無所得故菩提薩埵依
般若波羅蜜多故心無罣礙無罣礙故無
有恐怖遠離顛倒夢想究竟涅槃三世諸
佛依般若波羅蜜多故得阿耨多羅三藐
三菩提故知般若波羅蜜多是大神咒是
大明咒是無上咒是無等等咒能除一切
苦真實不虛故說般若波羅蜜多咒即說
咒曰揭諦揭諦波羅揭諦波羅僧揭諦菩
提薩婆訶

年　月　日

般若波羅蜜多心經　玄奘法師譯
觀自在菩薩行深般若波羅蜜多時照見
五蘊皆空度一切苦厄舎利子色不異空
空不異色色即是空空即是色受想行識
亦復如是舎利子是諸法空相不生不滅
不垢不浄不增不減是故空中無色無受
想行識無眼耳鼻舌身意無色聲香味觸
法無眼界乃至無意識界無無明亦無無
明盡乃至無老死亦無老死盡無苦集滅

道無智亦無得以無所得故菩提薩埵依
般若波羅蜜多故心無罣礙無罣礙故無
有恐怖遠離顛倒夢想究竟涅槃三世諸
佛依般若波羅蜜多故得阿耨多羅三藐
三菩提故知般若波羅蜜多是大神咒是
大明咒是無上咒是無等等咒能除一切
苦真實不虛故說般若波羅蜜多咒即說
咒曰揭諦揭諦波羅揭諦波羅僧揭諦菩
提薩婆訶

年　月　日

般若波羅蜜多心經

玄奘法師譯

觀自在菩薩行深般若波羅蜜多時照見
五蘊皆空度一切苦厄舍利子色不異空
空不異色色即是空空即是色受想行識
亦復如是舍利子是諸法空相不生不滅
不垢不浄不增不減是故空中無色無受
想行識無眼耳鼻舌身意無色聲香味觸
法無眼界乃至無意識界無無明亦無無
明盡乃至無老死亦無老死盡無苦集滅

道無智亦無得以無所得故菩提薩埵依
般若波羅蜜多故心無罣礙無罣礙故無
有恐怖遠離顛倒夢想究竟涅槃三世諸
佛依般若波羅蜜多故得阿耨多羅三藐
三菩提故知般若波羅蜜多是大神呪是
大明呪是無上呪是無等等呪能除一切
苦真實不虛故說般若波羅蜜多呪即說
呪曰揭諦揭諦波羅揭諦波羅僧揭諦菩
提薩婆訶

年 月 日

般若波羅蜜多心經
玄奘法師譯
觀自在菩薩行深般若波羅蜜多時照見
五蘊皆空度一切苦厄舍利子色不異空
空不異色色即是空空即是色受想行識
亦復如是舍利子是諸法空相不生不滅
不垢不淨不增不減是故空中無色無受
想行識無眼耳鼻舌身意無色聲香味觸
法無眼界乃至無意識界無無明亦無無
明盡乃至無老死亦無老死盡無苦集滅

道無智亦無得以無所得故菩提薩埵依
般若波羅蜜多故心無罣礙無罣礙故無
有恐怖遠離顛倒夢想究竟涅槃三世諸
佛依般若波羅蜜多故得阿耨多羅三藐
三菩提故知般若波羅蜜多是大神咒是
大明咒是無上咒是無等等咒能除一切
苦真實不虛故說般若波羅蜜多咒即說
咒曰揭諦揭諦波羅揭諦波羅僧揭諦菩
提薩婆訶

年 月 日

般若波羅蜜多心經

玄奘法師譯

觀自在菩薩行深般若波羅蜜多時照見
五蘊皆空度一切苦厄舍利子色不異空
空不異色色即是空空即是色受想行識
亦復如是舍利子是諸法空相不生不滅
不垢不浄不增不減是故空中無色無受
想行識無眼耳鼻舌身意無色聲香味觸
法無眼界乃至無意識界無無明亦無無
明盡乃至無老死亦無老死盡無苦集滅

道無智亦無得以無所得故菩提薩埵依
般若波羅蜜多故心無罣礙無罣礙故無
有恐怖遠離顛倒夢想究竟涅槃三世諸
佛依般若波羅蜜多故得阿耨多羅三藐
三菩提故知般若波羅蜜多是大神呪是
大明呪是無上呪是無等等呪能除一切
苦真實不虛故說般若波羅蜜多呪即說
呪曰揭諦揭諦波羅揭諦波羅僧揭諦菩
提薩婆訶

年 月 日

般若波羅蜜多心經

玄奘法師譯

觀自在菩薩行深般若波羅蜜多時照見
五蘊皆空度一切苦厄舍利子色不異空
空不異色色即是空空即是色受想行識
亦復如是舍利子是諸法空相不生不滅
不垢不浄不增不減是故空中無色無受
想行識無眼耳鼻舌身意無色聲香味觸
法無眼界乃至無意識界無無明亦無無
明盡乃至無老死亦無老死盡無苦集滅

道無智亦無得以無所得故菩提薩埵依
般若波羅蜜多故心無罣礙無罣礙故無
有恐怖遠離顛倒夢想究竟涅槃三世諸
佛依般若波羅蜜多故得阿耨多羅三藐
三菩提故知般若波羅蜜多是大神呪是
大明呪是無上呪是無等等呪能除一切
苦真實不虛故說般若波羅蜜多呪即說
呪曰揭諦揭諦波羅揭諦波羅僧揭諦菩
提薩婆訶

年

月

日

般若波羅蜜多心經

玄奘㳒師譯

觀自在菩薩行深般若波羅蜜多時照見
五蘊皆空度一切苦厄舍利子色不異空
空不異色色即是空空即是色受想行識
亦復如是舍利子是諸㳒空相不生不滅
不垢不浄不增不減是故空中無色無受
想行識無眼耳鼻舌身意無色聲香味觸
㳒無眼界乃至無意識界無無明亦無無
明盡乃至無老死亦無老死盡無苦集滅

道無智亦無得以無所得故菩提薩埵依
般若波羅蜜多故心無罣礙無罣礙故無
有恐怖遠離顛倒夢想究竟涅槃三世諸
佛依般若波羅蜜多故得阿耨多羅三藐
三菩提故知般若波羅蜜多是大神咒是
大明咒是無上咒是無等等咒能除一切
苦真實不虛故說般若波羅蜜多咒即說
咒曰揭諦揭諦波羅揭諦波羅僧揭諦菩
提薩婆訶

年 月 日

般若波羅蜜多心經

玄奘法師譯

觀自在菩薩行深般若波羅蜜多時照見
五蘊皆空度一切苦厄舍利子色不異空
空不異色色即是空空即是色受想行識
亦復如是舍利子是諸法空相不生不滅
不垢不淨不增不減是故空中無色無受
想行識無眼耳鼻舌身意無色聲香味觸
法無眼界乃至無意識界無無明亦無無
明盡乃至無老死亦無老死盡無苦集滅

道無智亦無得以無所得故菩提薩埵依
般若波羅蜜多故心無罣礙無罣礙故無
有恐怖遠離顛倒夢想究竟涅槃三世諸
佛依般若波羅蜜多故得阿耨多羅三藐
三菩提故知般若波羅蜜多是大神呪是
大明呪是無上呪是無等等呪能除一切
苦真實不虛故說般若波羅蜜多呪即說
呪曰揭諦揭諦波羅揭諦波羅僧揭諦菩
提薩婆訶

年　月　日

般若波羅蜜多心經
玄奘法師譯
觀自在菩薩行深般若波羅蜜多時照見
五蘊皆空度一切苦厄舍利子色不異空
空不異色色即是空空即是色受想行識
亦復如是舍利子是諸法空相不生不滅
不垢不浄不増不減是故空中無色無受
想行識無眼耳鼻舌身意無色聲香味觸
法無眼界乃至無意識界無無明亦無無
明盡乃至無老死亦無老死盡無苦集滅

道無智亦無得以無所得故菩提薩埵依
般若波羅蜜多故心無罣礙無罣礙故無
有恐怖遠離顛倒夢想究竟涅槃三世諸
佛依般若波羅蜜多故得阿耨多羅三藐
三菩提故知般若波羅蜜多是大神呪是
大明呪是無上呪是無等等呪能除一切
苦真實不虛故說般若波羅蜜多呪即說
呪曰揭諦揭諦波羅揭諦波羅僧揭諦菩
提薩婆訶

年　月　日

般若波羅蜜多心經

玄奘法師譯

觀自在菩薩行深般若波羅蜜多時照見五蘊皆空度一切苦厄舍利子色不異空空不異色色即是空空即是色受想行識亦復如是舍利子是諸法空相不生不滅不垢不淨不增不減是故空中無色無受想行識無眼耳鼻舌身意無色聲香味觸法無眼界乃至無意識界無無明亦無無明盡乃至無老死亦無老死盡無苦集滅

道無智亦無得以無所得故菩提薩埵依
般若波羅蜜多故心無罣礙無罣礙故無
有恐怖遠離顛倒夢想究竟涅槃三世諸
佛依般若波羅蜜多故得阿耨多羅三藐
三菩提故知般若波羅蜜多是大神咒是
大明咒是無上咒是無等等咒能除一切
苦真實不虛故說般若波羅蜜多咒即說
咒曰揭諦揭諦波羅揭諦波羅僧揭諦菩
提薩婆訶

年　月　日

般若波羅蜜多心經

玄奘法師譯

觀自在菩薩行深般若波羅蜜多時照見
五蘊皆空度一切苦厄舍利子色不異空
空不異色色即是空空即是色受想行識
亦復如是舍利子是諸法空相不生不滅
不垢不淨不增不減是故空中無色無受
想行識無眼耳鼻舌身意無色聲香味觸
法無眼界乃至無意識界無無明亦無無
明盡乃至無老死亦無老死盡無苦集滅

道無智亦無得以無所得故菩提薩埵依
般若波羅蜜多故心無罣礙無罣礙故無
有恐怖遠離顛倒夢想究竟涅槃三世諸
佛依般若波羅蜜多故得阿耨多羅三藐
三菩提故知般若波羅蜜多是大神咒是
大明咒是無上咒是無等等咒能除一切
苦真實不虛故說般若波羅蜜多咒即說
咒曰揭諦揭諦波羅揭諦波羅僧揭諦菩
提薩婆訶

年　月　日

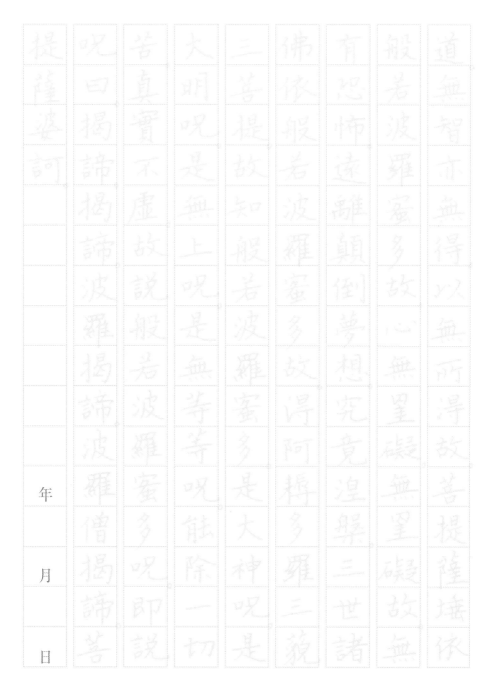

般若波羅蜜多心經

玄奘法師譯

觀自在菩薩行深般若波羅蜜多時照見
五蘊皆空度一切苦厄舍利子色不異空
空不異色色即是空空即是色受想行識
亦復如是舍利子是諸法空相不生不滅
不垢不淨不增不減是故空中無色無受
想行識無眼耳鼻舌身意無色聲香味觸
法無眼界乃至無意識界無無明亦無無
明盡乃至無老死亦無老死盡無苦集滅

道無智亦無得以無所得故菩提薩埵依
般若波羅蜜多故心無罣礙無罣礙故無
有恐怖遠離顛倒夢想究竟涅槃三世諸
佛依般若波羅蜜多故得阿耨多羅三藐
三菩提故知般若波羅蜜多是大神呪是
大明呪是無上呪是無等等呪能除一切
苦真實不虛故說般若波羅蜜多呪即說
呪曰揭諦揭諦波羅揭諦波羅僧揭諦菩
提薩婆訶

年 月 日

般若波羅蜜多心經

玄奘法師譯

觀自在菩薩行深般若波羅蜜多時照見
五蘊皆空度一切苦厄舍利子色不異空
空不異色色即是空空即是色受想行識
亦復如是舍利子是諸法空相不生不滅
不垢不淨不增不減是故空中無色無受
想行識無眼耳鼻舌身意無色聲香味觸
法無眼界乃至無意識界無無明亦無無
明盡乃至無老死亦無老死盡無苦集滅

道無智亦無得以無所得故菩提薩埵依
般若波羅蜜多故心無罣礙無罣礙故無
有恐怖遠離顛倒夢想究竟涅槃三世諸
佛依般若波羅蜜多故得阿耨多羅三藐
三菩提故知般若波羅蜜多是大神咒是
大明咒是無上咒是無等等咒能除一切
苦真實不虛故說般若波羅蜜多咒即說
咒曰揭諦揭諦波羅揭諦波羅僧揭諦菩
提薩婆訶

年 月 日

般若波羅蜜多心經

玄奘法師譯

觀自在菩薩行深般若波羅蜜多時照見
五蘊皆空度一切苦厄舍利子色不異空
空不異色色即是空空即是色受想行識
亦復如是舍利子是諸法空相不生不滅
不垢不淨不增不減是故空中無色無受
想行識無眼耳鼻舌身意無色聲香味觸
法無眼界乃至無意識界無無明亦無無
明盡乃至無老死亦無老死盡無苦集滅

道無智亦無得以無所得故菩提薩埵依
般若波羅蜜多故心無罣礙無罣礙故無
有恐怖遠離顛倒夢想究竟涅槃三世諸
佛依般若波羅蜜多故得阿耨多羅三藐
三菩提故知般若波羅蜜多是大神咒是
大明咒是無上咒是無等等咒能除一切
苦真實不虛故説般若波羅蜜多咒即説
咒曰揭諦揭諦波羅揭諦波羅僧揭諦菩
提薩婆訶

年　月　日

般若波羅蜜多心經

玄奘法師譯

觀自在菩薩行深般若波羅蜜多時照見
五蘊皆空度一切苦厄舍利子色不異空
空不異色色即是空空即是色受想行識
亦復如是舍利子是諸法空相不生不滅
不垢不淨不增不減是故空中無色無受
想行識無眼耳鼻舌身意無色聲香味觸
法無眼界乃至無意識界無無明亦無無
明盡乃至無老死亦無老死盡無苦集滅

道無智亦無得以無所得故菩提薩埵依
般若波羅蜜多故心無罣礙無罣礙故無
有恐怖遠離顛倒夢想究竟涅槃三世諸
佛依般若波羅蜜多故得阿耨多羅三藐
三菩提故知般若波羅蜜多是大神咒是
大明咒是無上咒是無等等咒能除一切
苦真實不虛故說般若波羅蜜多咒即說
咒曰揭諦揭諦波羅揭諦波羅僧揭諦菩
提薩婆訶

年 月 日

般若波羅蜜多心經

玄奘法師譯

観自在菩薩行深般若波羅蜜多時照見
五蘊皆空度一切苦厄舎利子色不異空
空不異色色即是空空即是色受想行識
亦復如是舎利子是諸法空相不生不滅
不垢不浄不増不減是故空中無色無受
想行識無眼耳鼻舌身意無色聲香味觸
法無眼界乃至無意識界無無明亦無無
明盡乃至無老死亦無老死盡無苦集滅

道無智亦無得以無所得故菩提薩埵依
般若波羅蜜多故心無罣礙無罣礙故無
有恐怖遠離顛倒夢想究竟涅槃三世諸
佛依般若波羅蜜多故得阿耨多羅三藐
三菩提故知般若波羅蜜多是大神呪是
大明呪是無上呪是無等等呪能除一切
苦真實不虛故說般若波羅蜜多呪即說
呪曰揭諦揭諦波羅揭諦波羅僧揭諦菩
提薩婆訶

年　月　日

般若波羅蜜多心經

玄奘法師譯

觀自在菩薩行深般若波羅蜜多時照見
五蘊皆空度一切苦厄舍利子色不異空
空不異色色即是空空即是色受想行識
亦復如是舍利子是諸法空相不生不滅
不垢不浄不増不減是故空中無色無受
想行識無眼耳鼻舌身意無色聲香味觸
法無眼界乃至無意識界無無明亦無無
明盡乃至無老死亦無老死盡無苦集滅

道無智亦無得以無所得故菩提薩埵依
般若波羅蜜多故心無罣礙無罣礙故無
有恐怖遠離顛倒夢想究竟涅槃三世諸
佛依般若波羅蜜多故得阿耨多羅三藐
三菩提故知般若波羅蜜多是大神咒是
大明咒是無上咒是無等等咒能除一切
苦真實不虛故說般若波羅蜜多咒即說
咒曰揭諦揭諦波羅揭諦波羅僧揭諦菩
提薩婆訶

年 月 日

般若波羅蜜多心經

玄奘法師譯

觀自在菩薩行深般若波羅蜜多時照見

五蘊皆空度一切苦厄舍利子色不異空

空不異色色即是空空即是色受想行識

亦復如是舍利子是諸法空相不生不滅

不垢不淨不增不減是故空中無色無受

想行識無眼耳鼻舌身意無色聲香味觸

法無眼界乃至無意識界無無明亦無無

明盡乃至無老死亦無老死盡無苦集滅

道無智亦無得以無所得故菩提薩埵依
般若波羅蜜多故心無罣礙無罣礙故無
有恐怖遠離顛倒夢想究竟涅槃三世諸
佛依般若波羅蜜多故得阿耨多羅三藐
三菩提故知般若波羅蜜多是大神呪是
大明呪是無上呪是無等等呪能除一切
苦真實不虛故說般若波羅蜜多呪即說
呪曰揭諦揭諦波羅揭諦波羅僧揭諦菩
提薩婆訶

年　月　日

般若波羅蜜多心經

玄奘法師譯

觀自在菩薩行深般若波羅蜜多時照見
五蘊皆空度一切苦厄舍利子色不異空
空不異色色即是空空即是色受想行識
亦復如是舍利子是諸法空相不生不滅
不垢不淨不增不減是故空中無色無受
想行識無眼耳鼻舌身意無色聲香味觸
法無眼界乃至無意識界無無明亦無無
明盡乃至無老死亦無老死盡無苦集滅

道無智亦無得以無所得故菩提薩埵依
般若波羅蜜多故心無罣礙無罣礙故無
有恐怖遠離顛倒夢想究竟涅槃三世諸
佛依般若波羅蜜多故得阿耨多羅三藐
三菩提故知般若波羅蜜多是大神呪是
大明呪是無上呪是無等等呪能除一切
苦真實不虛故說般若波羅蜜多呪即說
呪曰揭諦揭諦波羅揭諦波羅僧揭諦菩
提薩婆訶

年 月 日

般若波羅蜜多心經

玄奘法師譯

觀自在菩薩行深般若波羅蜜多時照見五蘊皆空度一切苦厄舍利子色不異空空不異色色即是空空即是色受想行識亦復如是舍利子是諸法空相不生不滅不垢不浄不增不減是故空中無色無受想行識無眼耳鼻舌身意無色聲香味觸法無眼界乃至無意識界無無明亦無無明盡乃至無老死亦無老死盡無苦集滅

道無智亦無得以無所得故菩提薩埵依
般若波羅蜜多故心無罣礙無罣礙故無
有恐怖遠離顛倒夢想究竟涅槃三世諸
佛依般若波羅蜜多故得阿耨多羅三藐
三菩提故知般若波羅蜜多是大神咒是
大明咒是無上咒是無等等咒能除一切
苦真實不虛故說般若波羅蜜多咒即說
咒曰揭諦揭諦波羅揭諦波羅僧揭諦菩
提薩婆訶

年　月　日

般若波羅蜜多心經

玄奘法師譯

觀自在菩薩行深般若波羅蜜多時照見五蘊皆空度一切苦厄舍利子色不異空空不異色色即是空空即是色受想行識亦復如是舍利子是諸法空相不生不滅不垢不淨不增不減是故空中無色無受想行識無眼耳鼻舌身意無色聲香味觸法無眼界乃至無意識界無無明亦無無明盡乃至無老死亦無老死盡無苦集滅

道無智亦無得以無所得故菩提薩埵依
般若波羅蜜多故心無罣礙無罣礙故無
有恐怖遠離顛倒夢想究竟涅槃三世諸
佛依般若波羅蜜多故得阿耨多羅三藐
三菩提故知般若波羅蜜多是大神咒是
大明咒是無上咒是無等等咒能除一切
苦真實不虛故說般若波羅蜜多咒即說
咒曰揭諦揭諦波羅揭諦波羅僧揭諦菩
提薩婆訶

年　月　日

般若波羅蜜多心經

玄奘法師譯

觀自在菩薩行深般若波羅蜜多時照見
五蘊皆空度一切苦厄舍利子色不異空
空不異色色即是空空即是色受想行識
亦復如是舍利子是諸法空相不生不滅
不垢不淨不增不減是故空中無色無受
想行識無眼耳鼻舌身意無色聲香味觸
法無眼界乃至無意識界無無明亦無無
明盡乃至無老死亦無老死盡無苦集滅

道無智亦無得以無所得故菩提薩埵依
般若波羅蜜多故心無罣礙無罣礙故無
有恐怖遠離顛倒夢想究竟涅槃三世諸
佛依般若波羅蜜多故得阿耨多羅三藐
三菩提故知般若波羅蜜多是大神呪是
大明呪是無上呪是無等等呪能除一切
苦真實不虛故説般若波羅蜜多呪即説
呪曰揭諦揭諦波羅揭諦波羅僧揭諦菩
提薩婆訶

年 月 日

般若波羅蜜多心經

玄奘法師譯

觀自在菩薩行深般若波羅蜜多時照見
五蘊皆空度一切苦厄舍利子色不異空
空不異色色即是空空即是色受想行識
亦復如是舍利子是諸法空相不生不滅
不垢不淨不增不減是故空中無色無受
想行識無眼耳鼻舌身意無色聲香味觸
法無眼界乃至無意識界無無明亦無無
明盡乃至無老死亦無老死盡無苦集滅

道無智亦無得以無所得故菩提薩埵依
般若波羅蜜多故心無罣礙無罣礙故無
有恐怖遠離顛倒夢想究竟涅槃三世諸
佛依般若波羅蜜多故得阿耨多羅三藐
三菩提故知般若波羅蜜多是大神呪是
大明呪是無上呪是無等等呪能除一切
苦真實不虛故說般若波羅蜜多呪即說
呪曰揭諦揭諦波羅揭諦波羅僧揭諦菩
提薩婆訶

年 月 日

般若波羅蜜多心經
玄奘法師譯
觀自在菩薩行深般若波羅蜜多時照見
五蘊皆空度一切苦厄舍利子色不異空
空不異色色即是空空即是色受想行識
亦復如是舍利子是諸法空相不生不滅
不垢不浄不增不減是故空中無色無受
想行識無眼耳鼻舌身意無色聲香味觸
法無眼界乃至無意識界無無明亦無無
明盡乃至無老死亦無老死盡無苦集滅

道無智亦無得以無所得故菩提薩埵依
般若波羅蜜多故心無罣礙無罣礙故無
有恐怖遠離顛倒夢想究竟涅槃三世諸
佛依般若波羅蜜多故得阿耨多羅三藐
三菩提故知般若波羅蜜多是大神咒是
大明咒是無上咒是無等等咒能除一切
苦真實不虛故說般若波羅蜜多咒即說
咒曰揭諦揭諦波羅揭諦波羅僧揭諦菩
提薩婆訶

年　月　日

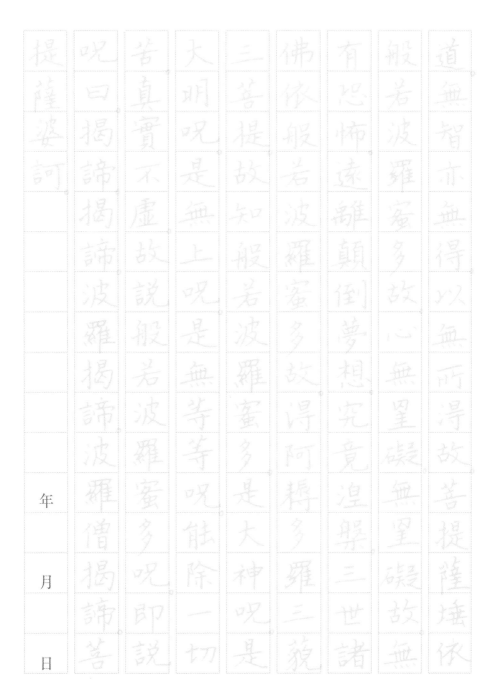

般若波羅蜜多心經

玄奘法師譯

觀自在菩薩行深般若波羅蜜多時照見
五蘊皆空度一切苦厄舍利子色不異空
空不異色色即是空空即是色受想行識
亦復如是舍利子是諸法空相不生不滅
不垢不淨不增不減是故空中無色無受
想行識無眼耳鼻舌身意無色聲香味觸
法無眼界乃至無意識界無無明亦無無
明盡乃至無老死亦無老死盡無苦集滅

道無智亦無得以無所得故菩提薩埵依
般若波羅蜜多故心無罣礙無罣礙故無
有恐怖遠離顛倒夢想究竟涅槃三世諸
佛依般若波羅蜜多故得阿耨多羅三藐
三菩提故知般若波羅蜜多是大神咒是
大明咒是無上咒是無等等咒能除一切
苦真實不虛故說般若波羅蜜多咒即說
咒曰揭諦揭諦波羅揭諦波羅僧揭諦菩
提薩婆訶

年 月 日

般若波羅蜜多心經

玄奘法師譯

觀自在菩薩行深般若波羅蜜多時照見
五蘊皆空度一切苦厄舍利子色不異空
空不異色色即是空空即是色受想行識
亦復如是舍利子是諸法空相不生不滅
不垢不淨不增不減是故空中無色無受
想行識無眼耳鼻舌身意無色聲香味觸
法無眼界乃至無意識界無無明亦無無
明盡乃至無老死亦無老死盡無苦集滅

道無智亦無得以無所得故菩提薩埵依
般若波羅蜜多故心無罣礙無罣礙故無
有恐怖遠離顛倒夢想究竟涅槃三世諸
佛依般若波羅蜜多故得阿耨多羅三藐
三菩提故知般若波羅蜜多是大神咒是
大明咒是無上咒是無等等咒能除一切
苦真實不虛故說般若波羅蜜多咒即說
咒曰揭諦揭諦波羅揭諦波羅僧揭諦菩
提薩婆訶

年　月　日

般若波羅蜜多心經

玄奘法師譯

觀自在菩薩行深般若波羅蜜多時照見
五蘊皆空度一切苦厄舍利子色不異空
空不異色色即是空空即是色受想行識
亦復如是舍利子是諸法空相不生不滅
不垢不淨不增不減是故空中無色無受
想行識無眼耳鼻舌身意無色聲香味觸
法無眼界乃至無意識界無無明亦無無
明盡乃至無老死亦無老死盡無苦集滅

道無智亦無得以無所得故菩提薩埵依
般若波羅蜜多故心無罣礙無罣礙故無
有恐怖遠離顛倒夢想究竟涅槃三世諸
佛依般若波羅蜜多故得阿耨多羅三藐
三菩提故知般若波羅蜜多是大神咒是
大明咒是無上咒是無等等咒能除一切
苦真實不虛故說般若波羅蜜多咒即說
咒曰揭諦揭諦波羅揭諦波羅僧揭諦菩
提薩婆訶

年　月　日

般若波羅蜜多心經

玄奘法師譯

觀自在菩薩行深般若波羅蜜多時照見
五蘊皆空度一切苦厄舍利子色不異空
空不異色色即是空空即是色受想行識
亦復如是舍利子是諸法空相不生不滅
不垢不淨不增不減是故空中無色無受
想行識無眼耳鼻舌身意無色聲香味觸
法無眼界乃至無意識界無無明亦無無
明盡乃至無老死亦無老死盡無苦集滅

道無智亦無得以無所得故菩提薩埵依
般若波羅蜜多故心無罣礙無罣礙故無
有恐怖遠離顛倒夢想究竟涅槃三世諸
佛依般若波羅蜜多故得阿耨多羅三藐
三菩提故知般若波羅蜜多是大神咒是
大明咒是無上咒是無等等咒能除一切
苦真實不虛故說般若波羅蜜多咒即說
咒曰揭諦揭諦波羅揭諦波羅僧揭諦菩
提薩婆訶

年 月 日

般若波羅蜜多心經

玄奘法師譯

觀自在菩薩行深般若波羅蜜多時照見
五蘊皆空度一切苦厄舍利子色不異空
空不異色色即是空空即是色受想行識
亦復如是舍利子是諸法空相不生不滅
不垢不淨不增不減是故空中無色無受
想行識無眼耳鼻舌身意無色聲香味觸
法無眼界乃至無意識界無無明亦無無
明盡乃至無老死亦無老死盡無苦集滅

道無智亦無得以無所得故菩提薩埵依
般若波羅蜜多故心無罣礙無罣礙故無
有恐怖遠離顛倒夢想究竟涅槃三世諸
佛依般若波羅蜜多故得阿耨多羅三藐
三菩提故知般若波羅蜜多是大神呪是
大明呪是無上呪是無等等呪能除一切
苦真實不虛故說般若波羅蜜多呪即說
呪曰揭諦揭諦波羅揭諦波羅僧揭諦菩
提薩婆訶

年　月　日

般若波羅蜜多心經

玄奘法師譯

觀自在菩薩行深般若波羅蜜多時照見
五蘊皆空度一切苦厄舍利子色不異空
空不異色色即是空空即是色受想行識
亦復如是舍利子是諸法空相不生不滅
不垢不淨不增不減是故空中無色無受
想行識無眼耳鼻舌身意無色聲香味觸
法無眼界乃至無意識界無無明亦無無
明盡乃至無老死亦無老死盡無苦集滅

道無智亦無得以無所得故菩提薩埵依
般若波羅蜜多故心無罣礙無罣礙故無
有恐怖遠離顛倒夢想究竟涅槃三世諸
佛依般若波羅蜜多故得阿耨多羅三藐
三菩提故知般若波羅蜜多是大神呪是
大明呪是無上呪是無等等呪能除一切
苦真實不虛故說般若波羅蜜多呪即說
呪曰揭諦揭諦波羅揭諦波羅僧揭諦菩
提薩婆訶

年
月
日

般若波羅蜜多心經

玄奘法師譯

觀自在菩薩行深般若波羅蜜多時照見
五蘊皆空度一切苦厄舍利子色不異空
空不異色色即是空空即是色受想行識
亦復如是舍利子是諸法空相不生不滅
不垢不淨不增不減是故空中無色無受
想行識無眼耳鼻舌身意無色聲香味觸
法無眼界乃至無意識界無無明亦無無
明盡乃至無老死亦無老死盡無苦集滅

道無智亦無得以無所得故菩提薩埵依
般若波羅蜜多故心無罣礙無罣礙故無
有恐怖遠離顛倒夢想究竟涅槃三世諸
佛依般若波羅蜜多故得阿耨多羅三藐
三菩提故知般若波羅蜜多是大神咒是
大明咒是無上咒是無等等咒能除一切
苦真實不虛故說般若波羅蜜多咒即說
咒曰揭諦揭諦波羅揭諦波羅僧揭諦菩
提薩婆訶

年 月 日

般若波羅蜜多心經　玄奘法師譯
觀自在菩薩行深般若波羅蜜多時照見
五蘊皆空度一切苦厄舍利子色不異空
空不異色色即是空空即是色受想行識
亦復如是舍利子是諸法空相不生不滅
不垢不淨不增不減是故空中無色無受
想行識無眼耳鼻舌身意無色聲香味觸
法無眼界乃至無意識界無無明亦無無
明盡乃至無老死亦無老死盡無苦集滅

道無智亦無得以無所得故菩提薩埵依

般若波羅蜜多故心無罣礙無罣礙故無

有恐怖遠離顛倒夢想究竟涅槃三世諸

佛依般若波羅蜜多故得阿耨多羅三藐

三菩提故知般若波羅蜜多是大神咒是

大明咒是無上咒是無等等咒能除一切

苦真實不虛故說般若波羅蜜多咒即說

咒曰揭諦揭諦波羅揭諦波羅僧揭諦菩

提薩婆訶

年 月 日

般若波羅蜜多心經
玄奘法師譯
觀自在菩薩行深般若波羅蜜多時照見
五蘊皆空度一切苦厄舍利子色不異空
空不異色色即是空空即是色受想行識
亦復如是舍利子是諸法空相不生不滅
不垢不淨不增不減是故空中無色無受
想行識無眼耳鼻舌身意無色聲香味觸
法無眼界乃至無意識界無無明亦無無
明盡乃至無老死亦無老死盡無苦集滅

道無智亦無得以無所得故菩提薩埵依
般若波羅蜜多故心無罣礙無罣礙故無
有恐怖遠離顛倒夢想究竟涅槃三世諸
佛依般若波羅蜜多故得阿耨多羅三藐
三菩提故知般若波羅蜜多是大神呪是
大明呪是無上呪是無等等呪能除一切
苦真實不虛故説般若波羅蜜多呪即説
呪曰揭諦揭諦波羅揭諦波羅僧揭諦菩
提薩婆訶

年

月

日

般若波羅蜜多心經

玄奘法師譯

觀自在菩薩行深般若波羅蜜多時照見
五蘊皆空度一切苦厄舍利子色不異空
空不異色色即是空空即是色受想行識
亦復如是舍利子是諸法空相不生不滅
不垢不淨不增不減是故空中無色無受
想行識無眼耳鼻舌身意無色聲香味觸
法無眼界乃至無意識界無無明亦無無
明盡乃至無老死亦無老死盡無苦集滅

道無智亦無得以無所得故菩提薩埵依
般若波羅蜜多故心無罣礙無罣礙故無
有恐怖遠離顛倒夢想究竟涅槃三世諸
佛依般若波羅蜜多故得阿耨多羅三藐
三菩提故知般若波羅蜜多是大神咒是
大明咒是無上咒是無等等咒能除一切
苦真實不虛故說般若波羅蜜多咒即說
咒曰揭諦揭諦波羅揭諦波羅僧揭諦菩
提薩婆訶

年

月

日

般若波羅蜜多心經

玄奘法師譯

觀自在菩薩行深般若波羅蜜多時照見
五蘊皆空度一切苦厄舍利子色不異空
空不異色色即是空空即是色受想行識
亦復如是舍利子是諸法空相不生不滅
不垢不淨不增不減是故空中無色無受
想行識無眼耳鼻舌身意無色聲香味觸
法無眼界乃至無意識界無無明亦無無
明盡乃至無老死亦無老死盡無苦集滅

道無智亦無得以無所得故菩提薩埵依
般若波羅蜜多故心無罣礙無罣礙故無
有恐怖遠離顛倒夢想究竟涅槃三世諸
佛依般若波羅蜜多故得阿耨多羅三藐
三菩提故知般若波羅蜜多是大神呪是
大明呪是無上呪是無等等呪能除一切
苦真實不虛故說般若波羅蜜多呪即說
呪曰揭諦揭諦波羅揭諦波羅僧揭諦菩
提薩婆訶

年　月　日

般若波羅蜜多心經

玄奘法師譯

観自在菩薩行深般若波羅蜜多時照見
五蘊皆空度一切苦厄舎利子色不異空
空不異色色即是空空即是色受想行識
亦復如是舎利子是諸法空相不生不滅
不垢不浄不増不減是故空中無色無受
想行識無眼耳鼻舌身意無色聲香味觸
法無眼界乃至無意識界無無明亦無無
明盡乃至無老死亦無老死盡無苦集滅

道無智亦無得以無所得故菩提薩埵依
般若波羅蜜多故心無罣礙無罣礙故無
有恐怖遠離顛倒夢想究竟涅槃三世諸
佛依般若波羅蜜多故得阿耨多羅三藐
三菩提故知般若波羅蜜多是大神呪是
大明呪是無上呪是無等等呪能除一切
苦真實不虛故説般若波羅蜜多呪即説
呪曰揭諦揭諦波羅揭諦波羅僧揭諦菩
提薩婆訶

年 月 日

般若波羅蜜多心經
玄奘法師譯
觀自在菩薩行深般若波羅蜜多時照見
五蘊皆空度一切苦厄舍利子色不異空
空不異色色即是空空即是色受想行識
亦復如是舍利子是諸法空相不生不滅
不垢不淨不增不減是故空中無色無受
想行識無眼耳鼻舌身意無色聲香味觸
法無眼界乃至無意識界無無明亦無無
明盡乃至無老死亦無老死盡無苦集滅

道無智亦無得以無所得故菩提薩埵依
般若波羅蜜多故心無罣礙無罣礙故無
有恐怖遠離顛倒夢想究竟涅槃三世諸
佛依般若波羅蜜多故得阿耨多羅三藐
三菩提故知般若波羅蜜多是大神咒是
大明咒是無上咒是無等等咒能除一切
苦真實不虛故説般若波羅蜜多咒即説
咒曰揭諦揭諦波羅揭諦波羅僧揭諦菩
提薩婆訶

年 月 日

般若波羅蜜多心經
玄奘法師譯

觀自在菩薩行深般若波羅蜜多時照見
五蘊皆空度一切苦厄舍利子色不異空
空不異色色即是空空即是色受想行識
亦復如是舍利子是諸法空相不生不滅
不垢不浄不增不減是故空中無色無受
想行識無眼耳鼻舌身意無色聲香味觸
法無眼界乃至無意識界無無明亦無無
明盡乃至無老死亦無老死盡無苦集滅

道無智亦無得以無所得故菩提薩埵依
般若波羅蜜多故心無罣礙無罣礙故無
有恐怖遠離顛倒夢想究竟涅槃三世諸
佛依般若波羅蜜多故得阿耨多羅三藐
三菩提故知般若波羅蜜多是大神呪是
大明呪是無上呪是無等等呪能除一切
苦真實不虛故說般若波羅蜜多呪即說
呪曰揭諦揭諦波羅揭諦波羅僧揭諦菩
提薩婆訶

年 月 日

般若波羅蜜多心經

玄奘㳒師譯

觀自在菩薩行深般若波羅蜜多時照見
五蘊皆空度一切苦厄舍利子色不異空
空不異色色即是空空即是色受想行識
亦復如是舍利子是諸㳒空相不生不滅
不垢不净不增不減是故空中無色無受
想行識無眼耳鼻舌身意無色聲香味觸
㳒無眼界乃至無意識界無無明亦無無
明盡乃至無老死亦無老死盡無苦集滅

道無智亦無得以無所得故菩提薩埵依
般若波羅蜜多故心無罣礙無罣礙故無
有恐怖遠離顛倒夢想究竟涅槃三世諸
佛依般若波羅蜜多故得阿耨多羅三藐
三菩提故知般若波羅蜜多是大神呪是
大明呪是無上呪是無等等呪能除一切
苦真實不虛故說般若波羅蜜多呪即說
呪曰揭諦揭諦波羅揭諦波羅僧揭諦菩
提薩婆訶

年 月 日

般若波羅蜜多心經

玄奘法師譯

觀自在菩薩行深般若波羅蜜多時照見
五蘊皆空度一切苦厄舍利子色不異空
空不異色色即是空空即是色受想行識
亦復如是舍利子是諸法空相不生不滅
不垢不淨不增不減是故空中無色無受
想行識無眼耳鼻舌身意無色聲香味觸
法無眼界乃至無意識界無無明亦無無
明盡乃至無老死亦無老死盡無苦集滅

道無智亦無得以無所得故菩提薩埵依
般若波羅蜜多故心無罣礙無罣礙故無
有恐怖遠離顛倒夢想究竟涅槃三世諸
佛依般若波羅蜜多故得阿耨多羅三藐
三菩提故知般若波羅蜜多是大神咒是
大明咒是無上咒是無等等咒能除一切
苦真實不虛故說般若波羅蜜多咒即說
咒曰揭諦揭諦波羅揭諦波羅僧揭諦菩
提薩婆訶

年 月 日

般若波羅蜜多心經

玄奘法師譯

觀自在菩薩行深般若波羅蜜多時照見五蘊皆空度一切苦厄舍利子色不異空空不異色色即是空空即是色受想行識亦復如是舍利子是諸法空相不生不滅不垢不淨不增不減是故空中無色無受想行識無眼耳鼻舌身意無色聲香味觸法無眼界乃至無意識界無無明亦無無明盡乃至無老死亦無老死盡無苦集滅

道無智亦無得以無所得故菩提薩埵依
般若波羅蜜多故心無罣礙無罣礙故無
有恐怖遠離顛倒夢想究竟涅槃三世諸
佛依般若波羅蜜多故得阿耨多羅三藐
三菩提故知般若波羅蜜多是大神咒是
大明咒是無上咒是無等等咒能除一切
苦真實不虛故說般若波羅蜜多咒即說
咒曰揭諦揭諦波羅揭諦波羅僧揭諦菩
提薩婆訶

年　月　日

般若波羅蜜多心經

玄奘法師譯

觀自在菩薩行深般若波羅蜜多時照見
五蘊皆空度一切苦厄舍利子色不異空
空不異色色即是空空即是色受想行識
亦復如是舍利子是諸法空相不生不滅
不垢不浄不增不減是故空中無色無受
想行識無眼耳鼻舌身意無色聲香味觸
法無眼界乃至無意識界無無明亦無無
明盡乃至無老死亦無老死盡無苦集滅

道無智亦無得以無所得故菩提薩埵依
般若波羅蜜多故心無罣礙無罣礙故無
有恐怖遠離顛倒夢想究竟涅槃三世諸
佛依般若波羅蜜多故得阿耨多羅三藐
三菩提故知般若波羅蜜多是大神呪是
大明呪是無上呪是無等等呪能除一切
苦真實不虛故說般若波羅蜜多呪即說
呪曰揭諦揭諦波羅揭諦波羅僧揭諦菩
提薩婆訶

年　月　日

般若波羅蜜多心經

玄奘法師譯

觀自在菩薩行深般若波羅蜜多時照見五蘊皆空度一切苦厄舍利子色不異空空不異色色即是空空即是色受想行識亦復如是舍利子是諸法空相不生不滅不垢不淨不增不減是故空中無色無受想行識無眼耳鼻舌身意無色聲香味觸法無眼界乃至無意識界無無明亦無無明盡乃至無老死亦無老死盡無苦集滅

道無智亦無得以無所得故菩提薩埵依
般若波羅蜜多故心無罣礙無罣礙故無
有恐怖遠離顛倒夢想究竟涅槃三世諸
佛依般若波羅蜜多故得阿耨多羅三藐
三菩提故知般若波羅蜜多是大神呪是
大明呪是無上呪是無等等呪能除一切
苦真實不虛故說般若波羅蜜多呪即說
呪曰揭諦揭諦波羅揭諦波羅僧揭諦菩
提薩婆訶

年 月 日

般若波羅蜜多心經

玄奘法師譯

觀自在菩薩行深般若波羅蜜多時照見五蘊皆空度一切苦厄舍利子色不異空空不異色色即是空空即是色受想行識亦復如是舍利子是諸法空相不生不滅不垢不淨不增不減是故空中無色無受想行識無眼耳鼻舌身意無色聲香味觸法無眼界乃至無意識界無無明亦無無明盡乃至無老死亦無老死盡無苦集滅

道無智亦無得以無所得故菩提薩埵依
般若波羅蜜多故心無罣礙無罣礙故無
有恐怖遠離顛倒夢想究竟涅槃三世諸
佛依般若波羅蜜多故得阿耨多羅三藐
三菩提故知般若波羅蜜多是大神咒是
大明咒是無上咒是無等等咒能除一切
苦真實不虛故說般若波羅蜜多咒即說
咒曰揭諦揭諦波羅揭諦波羅僧揭諦菩
提薩婆訶

年

月

日

般若波羅蜜多心經

玄奘法師譯

觀自在菩薩行深般若波羅蜜多時照見五蘊皆空度一切苦厄舍利子色不異空空不異色色即是空空即是色受想行識亦復如是舍利子是諸法空相不生不滅不垢不淨不增不減是故空中無色無受想行識無眼耳鼻舌身意無色聲香味觸法無眼界乃至無意識界無無明亦無無明盡乃至無老死亦無老死盡無苦集滅

道無智亦無得以無所得故菩提薩埵依
般若波羅蜜多故心無罣礙無罣礙故無
有恐怖遠離顛倒夢想究竟涅槃三世諸
佛依般若波羅蜜多故得阿耨多羅三藐
三菩提故知般若波羅蜜多是大神呪是
大明呪是無上呪是無等等呪能除一切
苦真實不虛故說般若波羅蜜多呪即說
呪曰揭諦揭諦波羅揭諦波羅僧揭諦菩
提薩婆訶

年 月 日

般若波羅蜜多心經

玄奘法師譯

觀自在菩薩行深般若波羅蜜多時照見
五蘊皆空度一切苦厄舍利子色不異空
空不異色色即是空空即是色受想行識
亦復如是舍利子是諸法空相不生不滅
不垢不淨不增不減是故空中無色無受
想行識無眼耳鼻舌身意無色聲香味觸
法無眼界乃至無意識界無無明亦無無
明盡乃至無老死亦無老死盡無苦集滅

道無智亦無得以無所得故菩提薩埵依
般若波羅蜜多故心無罣礙無罣礙故無
有恐怖遠離顛倒夢想究竟涅槃三世諸
佛依般若波羅蜜多故得阿耨多羅三藐
三菩提故知般若波羅蜜多是大神咒是
大明咒是無上咒是無等等咒能除一切
苦真實不虛故說般若波羅蜜多咒即說
咒曰揭諦揭諦波羅揭諦波羅僧揭諦菩
提薩婆訶

年　月　日

般若波羅蜜多心經

玄奘法師譯

觀自在菩薩行深般若波羅蜜多時照見
五蘊皆空度一切苦厄舍利子色不異空
空不異色色即是空空即是色受想行識
亦復如是舍利子是諸法空相不生不滅
不垢不淨不增不減是故空中無色無受
想行識無眼耳鼻舌身意無色聲香味觸
法無眼界乃至無意識界無無明亦無無
明盡乃至無老死亦無老死盡無苦集滅

道無智亦無得以無所得故菩提薩埵依
般若波羅蜜多故心無罣礙無罣礙故無
有恐怖遠離顛倒夢想究竟涅槃三世諸
佛依般若波羅蜜多故得阿耨多羅三藐
三菩提故知般若波羅蜜多是大神咒是
大明咒是無上咒是無等等咒能除一切
苦真實不虛故說般若波羅蜜多咒即說
咒曰揭諦揭諦波羅揭諦波羅僧揭諦菩
提薩婆訶

年　月　日

般若波羅蜜多心經

玄奘法師譯

觀自在菩薩行深般若波羅蜜多時照見
五蘊皆空度一切苦厄舍利子色不異空
空不異色色即是空空即是色受想行識
亦復如是舍利子是諸法空相不生不滅
不垢不淨不增不減是故空中無色無受
想行識無眼耳鼻舌身意無色聲香味觸
法無眼界乃至無意識界無無明亦無無
明盡乃至無老死亦無老死盡無苦集滅

道無智亦無得以無所得故菩提薩埵依
般若波羅蜜多故心無罣礙無罣礙故無
有恐怖遠離顛倒夢想究竟涅槃三世諸
佛依般若波羅蜜多故得阿耨多羅三藐
三菩提故知般若波羅蜜多是大神咒是
大明咒是無上咒是無等等咒能除一切
苦真實不虛故說般若波羅蜜多咒即說
咒曰揭諦揭諦波羅揭諦波羅僧揭諦菩
提薩婆訶

年　月　日

般若波羅蜜多心經

玄奘法師譯

觀自在菩薩行深般若波羅蜜多時照見
五蘊皆空度一切苦厄舍利子色不異空
空不異色色即是空空即是色受想行識
亦復如是舍利子是諸法空相不生不滅
不垢不淨不增不減是故空中無色無受
想行識無眼耳鼻舌身意無色聲香味觸
法無眼界乃至無意識界無無明亦無無
明盡乃至無老死亦無老死盡無苦集滅

道無智亦無得以無所得故菩提薩埵依
般若波羅蜜多故心無罣礙無罣礙故無
有恐怖遠離顛倒夢想究竟涅槃三世諸
佛依般若波羅蜜多故得阿耨多羅三藐
三菩提故知般若波羅蜜多是大神咒是
大明咒是無上咒是無等等咒能除一切
苦真實不虛故說般若波羅蜜多咒即說
咒曰揭諦揭諦波羅揭諦波羅僧揭諦菩
提薩婆訶

年　月　日

般若波羅蜜多心經

玄奘法師譯

觀自在菩薩行深般若波羅蜜多時照見

五蘊皆空度一切苦厄舍利子色不異空

空不異色色即是空空即是色受想行識

亦復如是舍利子是諸法空相不生不滅

不垢不淨不增不減是故空中無色無受

想行識無眼耳鼻舌身意無色聲香味觸

法無眼界乃至無意識界無無明亦無無

明盡乃至無老死亦無老死盡無苦集滅

道無智亦無得以無所得故菩提薩埵依
般若波羅蜜多故心無罣礙無罣礙故無
有恐怖遠離顛倒夢想究竟涅槃三世諸
佛依般若波羅蜜多故得阿耨多羅三藐
三菩提故知般若波羅蜜多是大神呪是
大明呪是無上呪是無等等呪能除一切
苦真實不虛故說般若波羅蜜多呪即說
呪曰揭諦揭諦波羅揭諦波羅僧揭諦菩
提薩婆訶

年 月 日

般若波羅蜜多心經

玄奘法師譯

觀自在菩薩行深般若波羅蜜多時照見
五蘊皆空度一切苦厄舍利子色不異空
空不異色色即是空空即是色受想行識
亦復如是舍利子是諸法空相不生不滅
不垢不浄不增不減是故空中無色無受
想行識無眼耳鼻舌身意無色聲香味觸
法無眼界乃至無意識界無無明亦無無
明盡乃至無老死亦無老死盡無苦集滅

道無智亦無得以無所得故菩提薩埵依
般若波羅蜜多故心無罣礙無罣礙故無
有恐怖遠離顛倒夢想究竟涅槃三世諸
佛依般若波羅蜜多故得阿耨多羅三藐
三菩提故知般若波羅蜜多是大神咒是
大明咒是無上咒是無等等咒能除一切
苦真實不虛故說般若波羅蜜多咒即說
咒曰揭諦揭諦波羅揭諦波羅僧揭諦菩
提薩婆訶

年　月　日

般若波羅蜜多心經

玄奘法師譯

觀自在菩薩行深般若波羅蜜多時照見
五蘊皆空度一切苦厄舍利子色不異空
空不異色色即是空空即是色受想行識
亦復如是舍利子是諸法空相不生不滅
不垢不淨不增不減是故空中無色無受
想行識無眼耳鼻舌身意無色聲香味觸
法無眼界乃至無意識界無無明亦無無
明盡乃至無老死亦無老死盡無苦集滅

道無智亦無得以無所得故菩提薩埵依
般若波羅蜜多故心無罣礙無罣礙故無
有恐怖遠離顛倒夢想究竟涅槃三世諸
佛依般若波羅蜜多故得阿耨多羅三藐
三菩提故知般若波羅蜜多是大神呪是
大明呪是無上呪是無等等呪能除一切
苦真實不虛故說般若波羅蜜多呪即說
呪曰揭諦揭諦波羅揭諦波羅僧揭諦菩
提薩婆訶

年　月　日

般若波羅蜜多心經
玄奘法師譯
觀自在菩薩行深般若波羅蜜多時照見
五蘊皆空度一切苦厄舍利子色不異空
空不異色色即是空空即是色受想行識
亦復如是舍利子是諸法空相不生不滅
不垢不淨不增不減是故空中無色無受
想行識無眼耳鼻舌身意無色聲香味觸
法無眼界乃至無意識界無無明亦無無
明盡乃至無老死亦無老死盡無苦集滅

道無智亦無得以無所得故菩提薩埵依
般若波羅蜜多故心無罣礙無罣礙故無
有恐怖遠離顛倒夢想究竟涅槃三世諸
佛依般若波羅蜜多故得阿耨多羅三藐
三菩提故知般若波羅蜜多是大神咒是
大明咒是無上咒是無等等咒能除一切
苦真實不虛故說般若波羅蜜多咒即說
咒曰揭諦揭諦波羅揭諦波羅僧揭諦菩
提薩婆訶

年　月　日

般若波羅蜜多心經

玄奘法師譯

觀自在菩薩行深般若波羅蜜多時照見五蘊皆空度一切苦厄舍利子色不異空空不異色色即是空空即是色受想行識亦復如是舍利子是諸法空相不生不滅不垢不淨不增不減是故空中無色無受想行識無眼耳鼻舌身意無色聲香味觸法無眼界乃至無意識界無無明亦無無明盡乃至無老死亦無老死盡無苦集滅

道無智亦無得以無所得故菩提薩埵依
般若波羅蜜多故心無罣礙無罣礙故無
有恐怖遠離顛倒夢想究竟涅槃三世諸
佛依般若波羅蜜多故得阿耨多羅三藐
三菩提故知般若波羅蜜多是大神咒是
大明咒是無上咒是無等等咒能除一切
苦真實不虛故說般若波羅蜜多咒即說
咒曰揭諦揭諦波羅揭諦波羅僧揭諦菩
提薩婆訶

年 月 日

般若波羅蜜多心經

玄奘法師譯

觀自在菩薩行深般若波羅蜜多時照見
五蘊皆空度一切苦厄舍利子色不異空
空不異色色即是空空即是色受想行識
亦復如是舍利子是諸法空相不生不滅
不垢不淨不增不減是故空中無色無受
想行識無眼耳鼻舌身意無色聲香味觸
法無眼界乃至無意識界無無明亦無無
明盡乃至無老死亦無老死盡無苦集滅

道無智亦無得以無所得故菩提薩埵依
般若波羅蜜多故心無罣礙無罣礙故無
有恐怖遠離顛倒夢想究竟涅槃三世諸
佛依般若波羅蜜多故得阿耨多羅三藐
三菩提故知般若波羅蜜多是大神咒是
大明咒是無上咒是無等等咒能除一切
苦真實不虛故說般若波羅蜜多咒即說
咒曰揭諦揭諦波羅揭諦波羅僧揭諦菩
提薩婆訶

年 月 日

般若波羅蜜多心經

玄奘法師譯

觀自在菩薩行深般若波羅蜜多時照見五蘊皆空度一切苦厄舍利子色不異空空不異色色即是空空即是色受想行識亦復如是舍利子是諸法空相不生不滅不垢不淨不增不減是故空中無色無受想行識無眼耳鼻舌身意無色聲香味觸法無眼界乃至無意識界無無明亦無無明盡乃至無老死亦無老死盡無苦集滅

道無智亦無得以無所得故菩提薩埵依
般若波羅蜜多故心無罣礙無罣礙故無
有恐怖遠離顛倒夢想究竟涅槃三世諸
佛依般若波羅蜜多故得阿耨多羅三藐
三菩提故知般若波羅蜜多是大神咒是
大明咒是無上咒是無等等咒能除一切
苦真實不虛故說般若波羅蜜多咒即說
咒曰揭諦揭諦波羅揭諦波羅僧揭諦菩
提薩婆訶

年　月　日

般若波羅蜜多心經

玄奘法師譯

觀自在菩薩行深般若波羅蜜多時照見
五蘊皆空度一切苦厄舍利子色不異空
空不異色色即是空空即是色受想行識
亦復如是舍利子是諸法空相不生不滅
不垢不淨不增不減是故空中無色無受
想行識無眼耳鼻舌身意無色聲香味觸
法無眼界乃至無意識界無無明亦無無
明盡乃至無老死亦無老死盡無苦集滅

道無智亦無得以無所得故菩提薩埵依
般若波羅蜜多故心無罣礙無罣礙故無
有恐怖遠離顛倒夢想究竟涅槃三世諸
佛依般若波羅蜜多故得阿耨多羅三藐
三菩提故知般若波羅蜜多是大神咒是
大明咒是無上咒是無等等咒能除一切
苦真實不虛故說般若波羅蜜多咒即說
咒曰揭諦揭諦波羅揭諦波羅僧揭諦菩
提薩婆訶

年 月 日

般若波羅蜜多心經

玄奘法師譯

觀自在菩薩行深般若波羅蜜多時照見
五蘊皆空度一切苦厄舍利子色不異空
空不異色色即是空空即是色受想行識
亦復如是舍利子是諸法空相不生不滅
不垢不淨不增不減是故空中無色無受
想行識無眼耳鼻舌身意無色聲香味觸
法無眼界乃至無意識界無無明亦無無
明盡乃至無老死亦無老死盡無苦集滅

道無智亦無得以無所得故菩提薩埵依
般若波羅蜜多故心無罣礙無罣礙故無
有恐怖遠離顛倒夢想究竟涅槃三世諸
佛依般若波羅蜜多故得阿耨多羅三藐
三菩提故知般若波羅蜜多是大神咒是
大明咒是無上咒是無等等咒能除一切
苦真實不虛故說般若波羅蜜多咒即說
咒曰揭諦揭諦波羅揭諦波羅僧揭諦菩
提薩婆訶

年　月　日

寫心經：108 遍己願成就版

範帖書寫　張明明
封面設計　莊謹銘
內頁排版　高巧怡
行銷企劃　蕭浩仰、江紫涓
行銷統籌　駱漢琦
業務發行　邱紹溢
營運顧問　郭其彬
協力編輯　周宜靜
責任編輯　林芳吟
總 編 輯　李亞南

出　　版　漫遊者文化事業股份有限公司
地　　址　台北市103大同區重慶北路二段88號2樓之6
電　　話　(02) 2715-2022
傳　　真　(02) 2715-2021
服務信箱　service@azothbooks.com
網路書店　www.azothbooks.com
臉　　書　www.facebook.com/azothbooks.read
營運統籌　大雁文化事業股份有限公司
地　　址　新北市231新店區北新路三段207-3號5樓
電　　話　(02) 8913-1005
訂單傳真　(02) 8913-1056
初版一刷　2021年11月
初版十二刷　2024年4月
定　　價　台幣250元